중국고전문학기본지식총서
15

唐宋古文運動

중국고전문학기본지식총서

15

唐宋古文運動

錢冬父 지음
이주해 옮김

學古房

지은이
錢冬父

옮긴이
이주해
소속: 연세대학교 국학연구원
전공: 중국 고전 산문

중국고전문학기본지식총서 15
唐宋古文運動

옮긴이 / 이주해
펴낸이 / 하운근
펴낸곳 / 학고방

첫 번째 찍은 날/2009. 3. 5
첫 번째 펴낸 날/2009. 3. 15

등록번호/제8-134호
서울시 은평구 대조동 213-5 우편번호 122-030
대표(02)353-9907 편집부(02)356-9903 팩시밀리 (02)386-8308

ISBN 978-89-6071-102-0 93820
E·mail: hakgobang@chol.com

정가: 10,000원

※ 파본은 교환해 드립니다.

머리말

　이 책은 분량이 많지는 않으나, 중국의 "고문"이 과연 무엇이고, "고문운동"이 무엇인지, 그리고 어떠한 양상으로 발전해 왔는지에 관해 개략적이고 포괄적인 서술이 돋보인다. 고문운동은 중국 당송시대에 일어났던 문학사조라고 보통 일컬어지지만, 기실 단순한 문학 사조기보다는 탄생에서부터 발전과정까지 정치·문학·사상 전반과 긴밀한 관계를 지니고 있는 일종의 사회운동이라 할 수 있다. 따라서 단순히 문학적 관점에서만 이를 분석하려 하면 전반적 상황을 이해하는 데 어려움이 따른다. 이 책은 문학 자체의 관점에서 뿐만 아니라 당시 사회 전반적 분위기를 함께 언급해주고 있어 고문의 탄생과 발전을 이해하는 데 도움을 주며 일정한 설득력을 지니고 있다.

　고문운동을 대표하는 작가로는 소위 당송팔대가(唐宋八大家)라고 일컬어지는 한유·유종원·구양수·소순·소식·소철·왕안석·증공을 우선으로 꼽는다. 이 책에서 집중적으로 조명하고 있는 것도 바로 이 여덟 작가의 작품세계이다. 하지만 이 또한 토막토막 다루는 것이 아니라 원류(源流)와 영향 수수(授受) 관계를 꼼꼼히 분석하고 있어 고문의 역사적 맥락을 파악하는 데 많은 도움을 준다. 그리고 이들을 중심으로 다루되 당시 혹은 전후로 고문운동에

唐宋古文運動

참여했던 기타 의미 있는 작가들의 고문 창작 활동 역시 소홀히 다루지 않고 반드시 언급하고 넘어간 점, 그리고 그들의 한계를 정확히 지적하고 넘어간 점 또한 돋보인다. 당송 고문운동이 성공을 거둔 데는 팔대가 이외 다른 작가들의 힘 또한 컸음을 부정할 수 없기 때문이다. 이 여덟 작가의 작품 세계를 설명함에 있어서도 그들의 특징적인 요소를 간략히 분석해냄으로써 각자의 개성을 비교적 명확히 이해할 수 있게 해준다.

  물론 책이 나온 지 오래된 탓인지, "투쟁성"이라든지 "혁명 정신"이라든지 "봉건 지주"라든지, 당시 시대 분위기상 사회주의적 용어 사용이 자주 눈에 띈다. 번역 과정에서는 이러한 용어를 가급적 현대적 어감을 가진 용어로 대신해 사회주의적 분위기를 중화시켰다. 뿐만 아니라 편폭이 그다지 길지 않고, 기본 지식을 전달하는 수위로 전문성을 낮춘 책이기 때문에 종종 설명이 너무 소략하다거나 복잡한 작품세계를 단편적 각도에서 분석했다거나 하는 한계가 눈에 보이기도 한다. 이는 아마도 고전지식총서가 공통으로 지니고 있는 한계라 생각된다. 하지만 편집 의도 자체가 고전 문학에 관한 지식을 독자에게 전달하는 데 있으니, 이는 당연일 결과일 것이다. 이 책을 통해 당송 고문운동에 대한 기본적 지식을 습득하고, 중국 고전문학을 이해하고자 하는 동기만 부여할 수 있어도, 역자의 입장에서 그것만으로도 대만족이다.

  마지막으로, "고문"이라는 개념이 중국에서 생겨나긴 했지만 우리나라 문인들에게 끼친 영향 또한 지대하다. 따라서 중국문학을 공부하는 사람 뿐 아니라 한국의 고전을 공부하는 사람들이 이 책을 통해 당송시대 고문가들의 사상과 그들이 남긴 작품세계를 이해하고 더 나아가 우리 사대부들의 고문정신에 끼친 영향을 이해하는 데 조금이라도 도움을 얻기를 바란다.

목차 · 唐宋古文運動

머리말　五

1. 변문 · 고문, 그리고 고문운동 …………………………………… 1
2. 고문운동 준비시기 ………………………………………………… 9
3. 당대(唐代) 고문운동의 주요 내용과 목표 …………………… 19
4. 한유 · 유종원 고문의 뛰어난 성과 …………………………… 49
5. 한유 · 유종원 이후 고문운동의 추세와 쇠락 ……………… 85
6. 송나라의 신(新)고문운동 ……………………………………… 93
7. 맺는 말 …………………………………………………………… 125

인명 찾아보기　129
작품명 찾아보기　132

1. 변문·고문, 그리고 고문운동

고문운동이란 8세기에서 11세기 즉, 당나라와 송나라에 거쳐 일어났던 한 차례 문학운동이다. 간단하게 표현하자면, 산문(散文)을 제창함과 동시에 당시 유행하던 변문(騈文)을 반대하고자 전개하였던 일종의 문학 운동이라 할 수 있다. 여기에 참가했던 사람들이 매우 많았을 뿐 아니라, 공통적인 요구와 목표를 가지고 일정한 규모를 지닌 문학사조를 형성했으며, 장기간의 기복(起伏)과 분투 과정을 겪으면서 끝내 승리를 쟁취해냈기에, 사람들은 이 일을 가리켜 문학사(文學史)에서 발생한 한 차례 '운동'이라고 부르는 것이다.

변문과 산문은 성질과 형식면에 있어서 상이점을 지니고 있다. 변문이라는 명칭은 당나라 유종원(柳宗元)이 처음 사용했다.[1] 변(騈)이란 두 마리 말이 나란히 달린다는 뜻이다. 변문은 서로 대칭이 되는 자구로 이루어져 있으며, 자구의 음운(音韻)은 반드시 협운(協韻)이 되어야 한다. 원래는 낭독의 편리

---

[1] 【원주】애당초 육조 시기에는 변문을 '금체(今體)' 혹은 '여체(麗體)'라고만 불렀다. 유종원은 그가 지은 『걸교문(乞巧文)』에서 처음으로 이러한 문체를 "네 마리 말이 나란히 가고 여섯 마리 말이 나란히 모니, 비단 같은 마음에 수 놓은 입(騈四驪六, 錦心繡口)"이라 하여, 변문이라 간략히 칭하였는데, 후에 이로 인해 사륙문(四六文)이라는 명칭이 생기기도 하였다.

를 위해 만들어낸 격식과 운율을 지닌 문체라고 할 수 있다. 산문은 변문처럼 엄격한 형식적 구속을 받지 않는다. 변문은 진(秦)·한(漢) 때에 처음 생겨나 위(魏)·진(秦) 때에 완성되었으며, 육조(六朝)에 와서는 더욱 크게 성행하여 문단의 지배적 지위를 차지하기에 이르렀다. 변문의 발달은 중국문학 발전에 큰 영향을 끼치었다. 한자의 문자적 특성에 기인하여 정제(整齊)되고 아름다운 대구형식을 만들어냈으며, 화려하고 아름다운 자구를 선별 사용함으로써 독자들에게 미감(美感)을 선사하였다. 또 복잡다단한 상황이나 사물을 전고(典故)를 사용하여 표현해냄으로써 독자의 상상력을 촉진시켰고, 귓가에 쟁쟁 울리는 듯한 음률을 중시함으로써 음향과 절주(節奏)의 효과를 증진시켜 문학의 음악성을 제고하였다. 이러한 것들은 모두 중국문학의 예술적 기능과 기교를 향상시키는 역할을 하였을 뿐 아니라, 산문에도 긍정적인 영향을 미쳤다. 변문 중의 우수한 작품은 고도의 예술적 기교 외에 사상(思想) 또한 풍부하기 때문에, 고전문학 중의 보물유산이 되어 오늘날까지도 널리 읽히고 있고 문학작품의 모범으로 남아있다.

그러나 후세에 이르면서 변문에 커다란 폐단이 생겨나기 시작했다. 즉, 사상과 내용이 지니고 있는 중대한 의미는 소홀히 한 채, 화려한 문사만 가져다 쌓아놓고, 수 없이 많은 전고를 남용했으며, 음조와 성률 방면의 제한은 갈수록 많아졌다. 이로 인해 문풍(文風)은 시들해지고 형식은 경직되어, 현실을 제대로 반영하지도, 각양각색의 사물을 자유자재로 묘사해내지도 못하였으며, 동시에 작가의 사상이나 감정을 진실하게 표현해내지도 못하였다. 형식주의라는 막다른 골목으로 들어가 오히려 문학 발전에 장애물이 되고 말았으니, 이러한 시대적 상황과 요구 하에 산문가(散文家)들이 일어나 저들과 대항하게 된 것이다.

산문은 무엇 때문에 '고문(古文)'이라고 불리는가? 고문에는 두 가지 뜻이

1. 변문·고문, 그리고 고문운동

있다. 첫 번째는 '고대의 문자'라는 뜻이다. B.C 90년, 즉 한나라 무제(武帝) 때에 공묘(孔廟) 벽속에서 고대 대전체(大篆體)로 쓰인 다량의 경서(經書)가 발견되었는데, 당시 유행하던 금문(今文) 예서체(隷書體)와 다르다고 하여 당시 사람들은 그 문자를 '고문'이라 불렀다. 이러한 고문은 경학사(經學史)에서 종종 언급되고 있다. 다른 한 가지 뜻은 '고대 산문'을 가리킨다. 8세기와 9세기 중당(中唐) 시기의 작가들은 당시 '시문(時文)'이라 불리던 변문과 구별 짓기 위해 선진(先秦)·양한(兩漢) 시기에 산문 형식으로 적힌 각종 문장에 '고문'이라는 이름을 붙였는데, 나중에는 자신들이 지은 산문까지 '고문'이라고 지칭하였다. '고문'이라는 용어를 사용하는 것은 같지만, 경학사에서 문자를 지칭하기 위해 사용하는 '고문'과는 확실히 다른 별개의 개념임을 알 수 있다. '고문운동'이 제창하고 배우고자 했던 것은 고대 문자로서의 '고문'이 아니라 고대의 산문을 회복하자는 것이었다. 고대의 산문을 이용하여 육조의 변문, 말류(末流)에 이른 변문과 대항하자는 것이었다. 그 후로 고문은 산문의 대명사처럼 여겨지면서 유전되었다.

변문과 고문의 다른 점이 무엇인지를 설명하기 위해 각각 작품의 예를 들어 비교를 통해 설명해보겠다.

우선 변문 한 편을 보겠다. 남조(南朝)의 저명한 작가인 유신(庾信: 513~581, 字 子山, 河南 新野 사람)은 등왕(滕王)이 그에게 말 한 필을 선물한 데에 감사를 표하기 위해 「등왕께서 말을 하사하신 것에 감사를 표하는 편지(謝滕王賚馬啓)」를 썼다.

> 아무개 아룁니다. 삼가 보내주신 검은말 한 필을 받았습니다. 유곡(柳谷)이 아직 열리기도 전에 자주색 제비[紫燕騮]를 만나고,[2] 무릉도원이 아직 멀었는데 홀연 복사꽃이 보입니다. 번갯불[流電]과 빛을 다투고 뜬 구름[浮

唐宋古文運動

雲]과 그림자가 맞닿아 있습니다.3) 장창(張敞)은 눈썹을 그린 여가에 곧장 말에 올라 장대가(章臺街)로 갔고4) 왕제(王濟)는 술 마시고 기분이 좋으면 말을 달려 멀리 돈으로 쌓은 담[金埒]으로 갔지요.5) 삼가 아뢰었습니다.6)

  某啓. 奉教垂賞烏騮馬一匹. 柳谷未開, 翻逢紫燕, 陵源猶遠, 忽見桃花. 流電爭光, 浮雲連影. 張敞畵眉之暇, 直走章臺, 王濟飮酒之歡, 長

---

2) 『위지(魏志)』에 다음과 같은 내용이 있다. "양주 유곡의 돌덩이 하나가 갑자기 무너져 내렸는데, 소나 말처럼 생긴 무늬가 나왔으니, 이는 사마씨가 천하를 얻을 징조였다(梁州柳谷有石, 無故自崩, 有文如牛馬之狀, 司馬氏得天下之應)." 『수신기(搜神記)』에는 "장액의 유곡에 어떤 돌이 갈라졌는데, 다섯 마리 말 모양의 무늬가 났다. 이는 진나라가 위나라를 대신하여 일어날 조짐이었다(張掖之柳谷有開石焉, 其文有五馬象. 魏晉代之興也)." 『서경잡기(西京雜記)』에서 이르기를, "문제에게는 자연류라는 말이 있었다(文帝有紫鷰騮)"고 하였다.
3) 『서경잡기(西京雜記)』에 다음과 같은 말이 나온다. "문제는 대나라에서 돌아올 때 아홉 필의 준마를 지니고 있었는데, 이름하여 '구일'이라 하였다. 그중 한 마리는 이름이 '뜬 구름(浮雲)'이고 또 한 마리는 이름이 '붉은 번개(赤電)'이었다(文帝自代還, 有良馬九匹, 號爲九逸. 一名浮雲, 一名赤電)."
4) 이 내용은 『한서(漢書)』에 보인다. "장창은 부녀자를 위해 눈썹을 그려주곤 하였다. 경조윤 장창은 여자 눈썹을 그려주고 조회를 마치고 지나갈 때 종종 말을 타고 장대가를 찾는데, 어사에게 말을 몰게 하고 자기는 부채로 말 엉덩이를 때린다는 소문이 장안에 파다했다(張敞爲婦畵眉, 長安中傳, 張京兆眉嫵, 時罷朝會過, 走馬章臺街, 使御史驅, 自以便面拊馬)."
5) 이 내용은 『세설신어(世說新語)』에 보인다. "왕무자가 책망을 받고 북망으로 이사갔다. 그곳은 사람은 많고 땅값도 귀했는데, 왕제는 말 타고 사냥하는 것을 좋아하여 땅을 사들여 담을 쌓고, 돈으로 담을 둘렀다. 당시 사람들은 그곳을 '돈으로 쌓은 담(金埒)'이라 불렀다(王武子被責移第北邙時, 人多地貴, 濟好馬射, 買地作埒, 編錢帀地竟埒. 時號曰金埒)."
6) 【원주】 이 변문에 사용된 전고는 다음과 같다. "유곡이 아직 열리기도 전에(柳谷未開)" — 장액(張掖)에 있는 유곡에 금이 간 돌덩이가 있었는데, 돌 위에 다섯 필의 말 형상으로 나타나 진(晉)나라가 위(魏)나라를 대신하여 일어날 것임을 상징하였다. "자연(紫燕)" — 한나라 문제(文帝)에게 자연류(紫燕騮)라는 말이 있었다. "능원(陵源)" — 도잠(陶潛)의 「도화원기(桃花源記)」에 나오는 무릉도원이다. "도화(桃花)" — 쌍관어(雙關語)를 사용하였다. 즉 도화원을 가리키기도 하고 도화마(桃花馬)를 가리키기도 한다. "유전부운(流電浮雲)" — 말 이름. 모두 한나라 문제가 기르던 준마이다. "장창은 곧장 말에 올라 장대가(章臺街)로 갔고" — 장창은 한나라 때 경조윤을 지낸 사람인데, 조회가 파하면 말을 타고 장대가로 갔다 한다. "왕제의 금랄(王濟金埒)" — 진나라 왕제는 말을 사랑해서 돈으로 낮은 담을 쌓아놓고 말을 길렀는데, 사람들은 그곳을 '금랄'이라고 불렀다.

1. 변문·고문, 그리고 고문운동

驅金埒. 謹啓.

이제 고문 한 편을 소개하겠다. 당나라 한유(韓愈)가 세상을 떠난 관리 왕용(王用)에게 비문(碑文)을 지어주었다. 왕용의 아들이 그에게 말 한 필을 선물하자 황제께서도 한유에게 그 선물을 받도록 윤허해주었다. 이에 한유는「왕용의 아들이 준 선물을 받도록 허락해주신 것에 감사 올리는 장계(謝許受王用男人事物狀)」라는 글을 지었다.

> 아래와 같이 아룁니다. 오늘 품관(品官) 당국진(唐國珍)이 신의 집을 찾아와 명령을 받들어 선포하였습니다. 신이 왕용에게 신도비문(神道碑文)를 지어주었으니, 왕용의 아들 왕소(王沼)가 신께 준 말 한 필과 안장 및 재갈, 그리고 백옥 요대(腰帶) 하나를 받도록 하라는 내용이었습니다. 신은 아는 것도 없고 글 솜씨 또한 보잘것없어, 비문을 지었으되 일생의 사업을 다 드러내지도 못하였거늘, 드넓은 성은으로 이를 장려해주시면서 중사(中使)에게 명해 유지(諭旨)를 선독하게 하시고, 신에게 왕용 아들이 준 선물들을 받도록 허락해주셨습니다. 삼가 두려운 마음으로 명령을 받들자니, 기쁨에 겨워 뛰어오를 지경인지라, 이 영광을 감당할 길 없사와 삼가 감사의 마음을 적어 아뢰옵니다. 삼가 장계를 바칩니다.
> 右: 今日品官唐國珍到臣宅, 奉宣進止, 緣臣與王用撰神道碑文, 令臣領受用男沼所與臣馬一匹, 並鞍銜及白玉腰帶一條者. 臣才識淺薄, 詞藝荒蕪, 所撰碑文不能備盡事迹, 聖恩弘獎, 特令中使宣諭, 並令臣受領人事物等. 承命震悚, 再欣再躍, 無任榮抃之至, 謹附狀陳謝以聞. 謹狀.

이 두 개의 문장은 모두 변문과 고문의 대표적 작품이라고는 할 수 없는 것들이다. 다만 내용상 둘 다 말을 받은 데에 대한 감사의 마음을 적고 있다는 공통점이 있어서 비교하기에는 편리할 것이다.[7] 유신이 적은 변문은 아름다운

唐宋古文運動

문구로 가득 차있으며, 구절구절 모두 말과 관련된 전고를 사용하고 있다. 기실 그 내용인즉, "제게 검은 말 한 필을 하사해주셨는데, 어쩌면 그리도 아름답고 건장한지요. 이제부터 저는 이 말을 타고 나가 노닐기도 하고, 연회에도 참석하렵니다"에 지나지 않는다. 그러나 독자들이 만약 문장에 사용된 전고에 익숙하지 않다면, 사전을 뒤져보거나 주석을 살펴보지 않는 한, 글자의 아름다움에만 현혹될 뿐, 그 안에 담긴 진정한 내용이 무엇인지는 도무지 이해할 길 없을 것이다. 변문은 이렇듯 화려한 포장의 표현방식에 능하기 때문에, 잘못 지어진 변문일수록 더욱 문자유희(文字遊戲)에 가깝다. 물론 이러한 문장은 고도의 문화적 소양이 없는 사람이라면 이해할 수도, 창작할 수도 없다. 그러니 변문은 소수의 특수계층을 위해 존재한다고도 말할 수 있겠다. 한유가 지은 고문은 양상이 완전히 달라서, 단 한 개의 전고도 사용하지 않았다. 이러한 일을 적는 데 전고를 사용할 필요조차 없으며, 그저 자신이 선물을 받을 수 있도록 해준 데에 대한 감사의 마음만 표현해내고, 상대방이 읽고 쉬이 이해할 수 있으면 그뿐, 내용 없는 미사여구의 도움을 빌릴 까닭이 없는 것이다. 접대용 문장도 마찬가지이고, 문학작품 또한 마찬가지이다. 이 두 문장의 비교를 통해, 변문이 내용도 없고 인위적인데 비해 고문은 자연스럽고 한결 소박하기 때문에 독자층 또한 비교적 넓다는 것을 알 수 있다. 고문과 변문의 근본적 차이점이 바로 여기에 있다.

고문운동은 형식상 변문이 문자에 가하는 구속과 제한에 반대하는 것 외에도, 사상이나 내용 방면에 있어서도 변문의 공허함과 무료함, 그리고 부화(浮華)함과 가벼움에 반대한다. 따라서 고문에는 '고대 산문'이라는 함의 외에도

---

7) 【원주】이 두 가지는 변문과 산문의 형식상 차이를 설명하기 위해 제시한 예문일 뿐이다. 내용으로 말하자면 한유의 고문 역시 접대용 문장에 지나지 않는다.

1. 변문·고문, 그리고 고문운동

'고대 도통(道統)', 즉 성현의 도(道)라는 또 다른 함의가 있다. 이로 인해 고문운동은 형식에서 내용에 이르기까지 '복고'의 기치를 세우고 있다. 당대(唐代) 고문운동의 영수였던 한유는 다음과 같은 말을 했다.

> 내가 짓고 있는 고문이 어찌 다만 구두가 지금의 문장과 다른 것만을 취한 것이겠는가! 옛사람이 그리워도 볼 수 없으니, 옛날의 도(道)를 배우고자 한다면 옛날의 문사까지 겸하여 통달해야 하는 것이다. 옛날의 문사에 통달하기 위해서는 옛날의 도에 뜻을 두어야 한다.[8]
> 愈之爲古文, 豈獨取其句讀不類於今者邪! 思古人而不得見, 學古道則欲兼通其辭. 通其辭者, 本志乎古道者也.

또 다른 한 명의 영수였던 유종원(柳宗元)도 문학 창작의 목표는 '도를 밝히기 위함(明道)'[9]이라고 밝힌 바 있다. 그들이 말하고 있는 '도(道)'란 바로 고문운동의 사상 내용을 가리킨다. 그러나 이 '옛날의 도(古道)'라는 것은 고문운동을 전개할 당시 필요에 의해 자기들 나름대로 개조를 한 유가(儒家)의 도(道)일뿐, 그들이 표방하고 있는 소위 고대의 '도'와 완전히 일치할 수는 없다.

역대로 고문운동을 이야기할 때는 모두 당나라 중엽 한유와 유종원이 활동하던 시기만을 언급하곤 했는데, 이 시기가 비록 매우 중요한 시기이긴 하지만 고문운동의 전 과정을 다 포괄할 수는 없다. 한유와 유종원 이전에 고문운동은 이미 충분한 준비시기를 거쳤으며, 한유와 유종원 이후 송나라 초기에도 구양수(歐陽脩) 등이 이끈 신고문운동이 있었기에, 변문 말류와의 투쟁이라는 역

---

8) 「구양생 애사 뒤에 쓰다(題歐陽生哀詞後)」에서 인용한 것이다.
9) 「사도(師道)를 논하여 위중립에게 준 답장(答韋中立論師道書)」에 나온 말이다.

사적 사명을 비로소 완수할 수 있었다. 그러니 고문운동은 전후 약 400년이라는 세월 간 진행된 셈이다. 여기서 이야기하고자 하는 것은 준비시기 및 당·송 두 대(代)를 포괄한 개념으로서의 고문운동이다. 명(明)·청(淸) 시기에 전개되었던 몇 차례의 신(新)고문운동은, 비록 그것이 당·송 고문운동의 연속선상에서 진행된 것이기는 하지만, 경쟁의 대상과 구체적 상황 등이 이미 너무도 달라졌기 때문에 여기서는 서술하지 않기로 한다.

2. 고문운동 준비시기

　어느 시대의 문학예술이건 간에 모두 그 시대의 사회생활 속에서 자연스럽게 탄생해 복잡한 형식을 통해 그 시대의 정치와 계급 문제를 표현해낸다. 일정한 시기 동안 문학예술에 있어서 어떤 강렬한 경향이나 사조, 그리고 운동 등이 등장했다면, 이는 그 사회의 격렬한 변화와 투쟁의 반영이 아닐 수 없다. 여기서 이야기하고 있는 고문운동 또한 예외는 아니다.
　고문운동이 전개되던 전 과정 동안의 정치적 추세를 이야기하자면 다음과 같다. 우선 지주계급과 농민계급의 대립과 모순, 호족이나 대지주의 이익을 대변하는 계층과 중소지주의 이익을 대변하는 계층 간의 반복적이고 지속적인 투쟁, 귀족 대지주 계층과 중소지주 계층 간의 투쟁 등은 어느 정도는 지주계급과 농민계급 투쟁이 통치계급 내부에 반영된 결과였다. 왜냐하면 신흥 중소지주계층의 인물들은 대부분 가난한 몰락 지주 출신이었기 때문에 군중들과 일정한 연계가 있어서 백성들의 질고를 이해할 수 있었다. 그들의 정치 주장이 비록 봉건지주의 통치를 공고히 하고자 하는 데서 출발하기는 했지만, 어느 정도는 농민계층의 희망이나 요구 등을 반영할 수 있었기에 그 당시에 있어서는 비교적 진보적 색채를 띨 수 있었다.

  그들은 문학적으로도 비교적 진보적 주장을 내세워, 혁신과 발전을 창도하고 진부와 보수를 반대했다. 고문운동은 기본적으로 이 계층이 문단에서 펼쳤던 투쟁과 역할을 반영하고 있다. 당·송 고문운동의 영도자는 대부분 중소 지주 계층의 문단 대변인이었다. 고문운동의 첫 번째 투쟁 목표는, 문단에서의 변문의 지배적 지위에 반기를 들고 그들의 진보적 문학주장을 실현함으로써, 고문이 변문을 대신하게 하여 군중이 원하는 것에 맞추자는 것이었다.

  한유와 유종원이 등장하여 고문운동을 전개하기 100년 전부터, 변문에 반대하는 고문의 투쟁은 일찌감치 싹트고 있었다. 이 준비시기에 세 가지 중요 임무를 완수하였으니, 첫째는 고문운동의 신호탄을 쏘아 올렸다는 것이요, 둘째는 비록 아직 완벽하지 못한 초보단계의 수준이지만 나름대로 고문운동의 이론 기초를 확립했다는 것이요, 셋째는 이론에 그치지 않고 고문을 창작에 옮기는 시도를 해보았다는 것이다.

  우선 첫 번째에 대한 설명을 하겠다. 한유와 유종원 이전에, 고문이 변문과의 투쟁을 선포한 사건이 세 차례 있었다. 앞의 두 차례는 신흥 왕조의 통치계급에서 선포한 것이었고, 마지막은 신흥 중소지주계층에서 선포한 것이었다. 그들이 그렇게 했던 이유로 말하자면, 한편으로는 문체와 문풍(文風)에 개혁의 필요성이 있음을 절감했기 때문이고 다른 한편으로는 각자의 정치적 목적이 있었기 때문이다.

  6세기 중엽에, 서위(西魏) 문제(文帝) 대통(大統) 10년(544)에 고문으로 변문을 대신하자는 첫 번째 주장이 터져 나왔다. 당시 정권을 장악하고 있던 우문태(宇文泰: 北周의 開國皇帝)와 소작(蘇綽)은 당시의 부화한 문풍에 불만을 품고서 예스럽고 심오한 상(商)·주(周) 시기의 고명체(誥命體)10)로 변문을 대신하자고 제창했다. 당시 유경(柳慶)이라는 문신이 그들의 제창에 호

2. 고문운동 준비시기

응하는 뜻으로 맨 처음 고문을 이용하여 축하를 올리는 표문 한 편을 지었는데, 이는 역사상 처음 있는 일이었다. 그 이듬해 소작은 친히 『상서(尙書)』의 고명체를 모방하여 황제 제묘(祭廟)의 「대고(大誥)」를 지었다. 이와 동시에 조정에서는 모든 포고문과 상주문은 고문으로 쓸 것을 규정하였다. 그러나 『상서』의 문체는 지나치게 예스럽고 어려워서 실제 수요에 적합하지 않았기에 이 개혁은 오래지 않아 곧 실패하였다. 그렇긴 하지만 이는 개혁을 알리는 첫 번째 신호탄이었다.

40년 후에, 통일의 대업을 이룩할 무렵의 수(隋)나라 문제(文帝) 양견(楊堅) 또한 당시 문풍의 문제점에 주의를 기울였다. 당시의 문장으로 말하자면, 자구는 공교롭고 화려한 반면 내용은 음풍농월(吟風弄月)을 벗어나지 못했다. 양견은 이러한 문장은 신흥 왕조의 통치와 건설에 이롭지 못하다고 여기고, 정치적 편의를 위하여 개황(開皇) 4년(584)에 "공사(公私) 문건을 막론하고 모든 실록은 화려한 문사로 짓지 못한다"는 명령을 내렸다. 이어서 화려한 문사로 표문을 지어올린 사주자사(泗州刺史) 사마유지(司馬幼之)를 죄로 다스려 징계의 본보기로 삼았다. 얼마 후 이악(李諤)은 문제의 이와 같은 의지에 부합하는 뜻에서, 실질적이고 실용적인 문장을 숭상한다는 관점에서 출발하여, 당시 공사 문장이 "도리는 저버린 채 기이함만 남겨 헛된 것을 찾고 미세한 것만을 좇으며, 운(韻) 하나의 기이함을 겨루고 글자 하나의 공교로움을 다툰다. 편장마다 종이마다 달과 이슬의 형적에서 벗어나질 못하니, 책상에 쌓여있고 상자에 넘쳐나는 것이라곤 모두 바람과 구름의 모습뿐이다"[11]라며 비판하는

---

10) 고명체(誥命體)란 신민에게 알린다는 뜻으로 쓰인 말로, 『상서(尙書)』의 「강고(康誥)」・「대고(大誥)」・「주고(酒誥)」 등을 가리킨다.
11) 원문은 "遺理存異, 尋虛逐微, 競一韻之奇, 爭一字之巧. 連篇累牘, 不出月露之形, 積

唐宋古文運動

내용의 상소문을 수 문제에게 올렸다. 그러면서 이러한 문풍을 엄히 금할 것을 건의하였다. 이악의 당시 문풍에 대한 비판은 수 문제보다 한 걸음 더 나아간 것으로, 초보적 단계이지만 이미 구체적 내용의 문제까지 건드리고 있다. 우문태와 소작이 문체의 복고에만 치중한 데 비하자면 실로 커다란 진보라 하겠다. 이러한 주장은 당시에 영향력이 꽤 컸다. 그러나 사실상 수 문제와 이악이 반대했던 것은 그저 일반적 문풍에서 드러나는 자구의 화려함이었을 뿐, 문제의 본질은 아직 건드리지 못하고 있었다. 심지어는 변문이라는 문장 형식조차 반대하지 않았다. 이악의 상주문이 변문으로 쓰였다는 것이 대표적 예라 할 수 있다. 다만 화려함이란 변문의 필수불가결한 요소이니, 화려함에 반대하는 그들의 주장은 부분적으로나마 당시 변문의 위세에 타격을 주었을 것이다. 따라서 이를 첫 번째 개혁의 신호탄으로 여겨도 무방하다. 하지만 이는 위에서 아래로 진행된 개혁인지라, 비록 정령(政令)에 의지해 추진될 수 있었다 하더라도, 지나치게 형식적인 문제에만 편중되어 있던데다가 일반 대중의 저변이 확보되어 있지 않은 상태였기 때문에 개혁의 분위기가 무르익기에는 시기상조였다. 이로 인해 우문태와 소작의 개혁과 마찬가지로 제법 규모를 갖춘 운동으로 발전해나가지 못했다.

이렇게 해서 다시 한 세기 가까운 시간이 흘러가는 동안, 변문은 여전히 문단에서의 지배적 지위를 유지하고 있었다. '초당사걸(初唐四傑)'이라 불리는 왕발(王勃: 650~677, 자 子安, 山西 河津 사람)·낙빈왕(駱賓王: 약 640~? 浙江 義烏 사람) 등 우수한 작가들은 비록 작품의 내용상 전대 문인을 뛰어넘는 새로운 시도가 있긴 하였지만 여전히 변문의 형식과 격률의 구속에서 벗어

案盈箱, 唯是風雲之狀"이다. 이악(李諤)의 「수나라 고제에게 올려 화려한 문장의 개혁을 논한 편지(上隋高帝革文華書)」.

2. 고문운동 준비시기

나지 못하였다. 예를 들어 왕발의 「등왕각서(滕王閣序)」라든지 낙빈왕의 명작 「무조를 치는 격문(討武曌檄)」 같은 것도 모두 변문의 형식으로 지어졌으니, 개혁의 시기가 아직 도래하지 않았음을 알 수 있다.

7세기 말 측천무후(則天武后) 재위 당시, 문학의 개혁을 외치는 낭랑한 소리가 터져 나왔다. 재주(梓州) 사홍(射洪: 지금의 四川省) 출신 진자앙(陳子昂: 661~702, 자 伯玉)이 문학 혁명의 신호를 힘차게 외쳤는데, 그가 지은 「좌사 동방규에게 수죽편 서문을 드리면서 보내는 편지(與東方左史虬修竹篇序)」은 당대 문학 혁신 운동 중에 나온 첫 번째 중요한 선언문으로 여겨지고 있다.

> 문장의 법도가 피폐해진 지 오백년입니다. 한(漢)나라 위(魏)나라의 풍골(風骨)을 진(晉)나라 송(宋)나라가 전하지 못하였지만, 그래도 찾아 확인해 볼 수 있는 문헌이 남아있습니다. 저는 한가할 때면 제(齊)나라 양(梁)나라의 시가를 읽었는데, 화려함과 번다함만을 다투느라 흥취며 기탁이며 모두 없어져버린 것을 보고는 늘 길게 탄식하곤 했습니다. 혼자 고인을 생각하면서, 나약하고 퇴폐적인 문풍만 만연한 채 『시경』의 풍아(風雅)는 다시 일어나지 않을까 늘 근심하였습니다.
>
> 文章道弊, 五百年矣. 漢魏風骨, 晉宋莫傳, 然而文獻有可徵者. 僕嘗暇時觀齊梁間詩, 彩麗競繁, 而興寄都絶, 每以永嘆. 竊思古人, 常恐逶迤頹靡, 風雅不作, 以耿耿也.

여기서 진자앙은 두 가지 중요한 문제를 제시하면서 문학혁명의 중요한 표지로 삼고 있다. 첫째는 『시경』의 '풍아(風雅)'와 한나라·위나라의 '풍골(風骨)'을 회복하자는 것인데, '풍아'와 '풍골' 전통의 특징은 바로 문학과 현실이 긴밀히 결합되어 있다는 것이다. 둘째는 복고의 기치를 높이 들었다는 것인데, 복고는 여기서 단지 문학 혁명의 수단에 지나지 않았다. 장기간 지속되어 온

唐宋古文運動

　봉건사회 전통 하에, 새로운 생산력과 새로운 계급이 출현하기 전 단계에서, 상층사회에서 전개되는 문학혁명 운동은 매번 복고라는 명의를 차용할 수밖에 없었다. 진자앙이 내 건 이 구호 역시 그러하다. 진자앙의 등장은 고문운동 준비시기에 있었던 세 번째이자 가장 강력했던 개혁 요구의 신호탄이었다.

　진자앙의 구체적 주장이 후대 고문운동가들의 주장과 완전히 일치하는 것은 아니다. 문학 전통에 있어, 진자앙은 한나라·위나라·진나라 작가들의 우수한 전통을 학습할 것을 주장했다. 그러나 고문운동의 영도자들은 "삼대(三代)·양한(兩漢)의 책이 아니면 감히 보지 않았다."[12] 문(文)과 도(道)의 관계에 있어서도 진자앙은 유가의 도통(道統) 관념을 그다지 중시하지 않았다. 그가 계승한 육조(六朝) 문론(文論)의 전통으로 볼 때, 그의 주장은 문질(文質)을 동시에 중시하자는 것이었을 가능성이 높다. 이밖에도 진자장의 주장은 주로 시가 창작 방면에 대한 것이었다. 그러나 진자앙이 분위기를 고무시키고 적극 추진한 덕택에 한 시대의 작가들이 모두 문학혁명이라는 거대한 물결 속으로 말려들어갔다. 이것이야말로 그의 중대한 공헌인 것이다. 한유와 유종원 등은 당나라 문학혁명을 논할 때마다 주저 없이 진자앙을 일대 문풍을 개척한 선구자로 꼽는데, 이는 곧 고문운동의 영도자들이 진자앙의 선구자적 지위를 긍정하고 있음을 드러내는 일례라 하겠다. 고문운동 준비시기에 발생한 두 번째 사건, 즉 이론기초의 초보적 정립 또한 진자앙의 분투에 고무되어 시작되었다고 할 수 있다. 때는 이미 8세기 현종(玄宗)에서 대종(代宗) 시대로 접어들고 있었다.

　여기서 이른바 고문운동의 이론 기초를 정립했다는 말이 무엇을 의미하는

---

[12] 한유의 「이익에게 주는 편지(答李翊書)」에 나오는 말. 원문은 "非三代兩漢之書不敢觀"이다.

2. 고문운동 준비시기

지 한번 설명하고 넘어갈 필요가 있겠다. 이는 한편으로는 사상과 내용 면에 있어서 일종의 새로운 표준을 수립했음을 의미하며, 다른 한편으로는 형식과 체제 면에 있어서 일종의 새로운 모범을 수립했음을 의미한다.

당시는 불교의 성행과 노장(老莊) 사상의 범람, 그리고 이러한 사조(思潮)로 인한 사상계의 혼란으로 인해, 정치적으로나 사상적으로나 이미 쇠퇴해 있던 유가 사상이 다시금 고개를 치켜들 수밖에 없는 상황이었다. 통치 계급 또한 실패의 교훈을 받아들여 유가적 정통 사상을 이용해 통치력을 키우고자 하였다. 이러한 요구에 맞춰 당시의 고문운동가들은 유가의 『육경』을 자신들의 의거(依據)와 표준으로 내세우게 되었다. 당 현종 시대의 저명한 고문작가 소영사(蕭穎士: 717~768, 자 茂挺, 蘭陵 즉 지금의 山東省 사람)와 이화(李華: 715~766, 자 遐叔, 贊皇 즉 지금의 河北省 사람)가 바로 힘껏 고문을 제창한 대표적 인물이었다. 소영사는 스스로 자신은 "경술(經術) 이외의 다른 것은 일절 마음에 두지 않았다"[13]고 말하였다. 이화 역시 "문장은 저작에 근본을 두고 있다…저작에 근본을 두는 것, 이것이 바로 『육경』의 뜻이다"[14]라고 하였다. 바로 이어서 당 대종 때의 인물인 한회(韓會: 737~779, 河南 孟縣 사람. 한유의 맏형)와 대종·덕종(德宗) 사이의 인물인 유면(柳冕: 생졸년 미상. 大曆·貞元 연간에 살았음. 자 敬叔, 河東 즉 지금의 山西省 永濟 사람)은 연이어 문장의 교화작용에 관한 문제를 제시하면서 문장은 유가에서 규정하고 있는 도덕적 교조주의로 사람들을 가르쳐야 한다고 주장하였다. 한회는

---

13) 소영사의 「사업 위술에게 드리는 편지(贈韋司業述書)」에 나오는 말. 원문은 "經術之外, 略不嬰心"이다.
14) 이화의 「상서 최효공 문집 서문(尙書崔孝公集序)」에 나오는 말. 원문은 "文章本乎作者……本乎作者, 六經之志也"이다.

唐宋古文運動

문장이 반드시 "성인의 마음"에 부합해야만 "교화를 도울 수 있다"고 하였고, "권계 작용을 갖추어야 한다"15)고 주장했다. 유면 또한 "문장은 교화에 근본을 두고, 치란(治亂)을 통해 그 작용을 그러내며, 나라의 풍속에 관여해야 한다"16)고 여겼다. 소영사로부터 유면에 이르는 동안 반드시 유가사상을 이론의 근거로 삼아야한다는 고문의 이론적 기초가 확립되었으며, 이는 훗날 고문운동의 발전에 지대한 영향을 미치게 되었다. 그러나 그들의 이론은 편면적이었다. 문장에 미치는 유가의 도덕관념을 지나치게 강조하는 바람에 단순히 복고만을 강조하는 경향을 보였으며, 이로 인해 문학의 예술적 성능을 소홀히 하고 말았다. 이는 결코 문학 혁명의 목적에는 부합하지 않는다.

이 당시에 고문은 형식과 체제 면에 있어서 어떠한 표준을 세우고 있었는가? 고문 형식의 표준을 세우기 위해서는 우선 당시 변문의 형식주의 경향에 대해 비판을 가해야 했다. 대종과 덕종 시대의 인물인 독고급(獨孤及: 725~777, 자 至之, 河南 洛陽 사람)은 당시 변문의 병폐에 대해 정면으로 공격하면서, "변문의 유행이 거침없이 흘러내려가 돌이키지 못하게 되더니, 결국은 문사의 수식만 있고 뜻은 모두 내팽개쳐버리는 지경에 이르렀다. 이에 윤색은 갈수록 공교로워지고 내용은 갈수록 텅 비었다. 최악의 상황에 이르러서는 장구(章句)의 짝만 나란히 맞추고 곁가지와 잎에 대응시키면서 구구절절 사성팔병(四聲八病)17)에 얽매였다. 그러면서 마치 법령이라도 되는 양 떠받들며 지

---

15) 한회의 「문형(文衡)」에 나오는 말. 원문은 "助敎化", "備勸戒"이다.
16) 유면의 「문장을 논하여 서급사에게 드리는 편지(與徐給事論文書)」. 원문은 "文章本於敎化, 形於治亂, 繫於國風"이다.
17) 사성(四聲)은 불경을 번역과정에서 생겨난 것으로, 평성(平聲)·상성(上聲)·거성(去聲)·입성(入聲) 네 가지가 있다. 현대한어에는 입성이 사라지고 없다. 팔병(八病)은 시가 창작에 있어 반드시 금해야 하는 여덟 가지 성률상의 문제로, 평두(平頭)·상미(上尾)·봉

켰다"[18]고 하였다. 또한 문장이라면 마땅히 양한(兩漢), 그 중에서도 가의(賈誼)·사마천(司馬遷)·반고(班固)를 본받아야 한다고 주장했다. 그들의 문장이야말로 형식과 체제 면에 있어 마땅히 본받아 좇아야할 모범이라는 것이다. 이러한 주장은 훗날 고문운동가들에 의해서도 받아들여졌다. 독고급의 학생임을 자처하고 있는 양숙(梁肅: 753~793, 자 敬之·寬中. 安定, 즉 지금의 甘肅省 涇川 사람)은 늘 사람들에게 "고풍(古風)을 중시하고 전기(傳記)를 읽을 것"[19]을 가르쳤다. 독고급의 주장과 일치하고 있음을 알 수 있다. 그는 특히 고대 전기문학을 학습할 것을 강조하고 있는데, 전기문학은 변문이 절대로 침범할 수 없는 영역이기도 하였다.

준비시기에 완수한 세 번째 임무는 창작 실천과 시도이다. 위에서 언급한 소영사·이화·한회·유면·독고급 및 양숙 등은 모두 고문을 이용하여 적잖은 작품을 창작하였으며, 이를 통해 변문의 영역을 깨고 고문의 영향력을 넓혀 나갔다. 그러나 예술적인 면에 있어서 이렇다 할 성과를 이루지는 못해서, 그저 과도기의 고문쯤으로 여길 수밖에 없다. 유면이 말한 것과 마찬가지로, 그들은 "알기는 하지만 쓸 수는 없었고, 어찌어찌 썼다 치더라도 경지에 이를 수는 없었다."[20] 고문의 창작에 있어서 비교적 높은 성취를 이루었다 할 수 있는

요(蜂腰)·학슬(鶴膝) — 이상은 두 구의 음절을 놓고 이야기한 것 — 그리고 대운(大韻)·소운(小韻)·방뉴(旁紐)·정뉴(正紐) — 이상은 한 구 안의 음절을 놓고 이야기한 것 — 가 그것이다.
18) 독고급의 「조군 사람 이화의 중집 서문(趙郡李華中集序)」에 나오는 말. 원문은 "其風流蕩而不反, 乃至有飾其辭, 而遺其意者. 則潤色愈工, 其實愈喪. 及其大壞也, 儷偶章句, 使枝對葉, 比以八病四聲爲梏拳, 拳拳守之如奉法令"이다.
19) 최공(崔恭)이 지은 「양보궐집 서문(梁補闕集序)」에 나오는 말. 원문은 "敦古風, 閱傳記"이다.
20) 유면의 「문장을 논하여 활주 노대부에게 드리는 편지(與滑州盧大夫論文書)」에 나오는 말. 원문은 "雖知之, 不能文之, 縱文之, 不能至之"이다.

唐宋古文運動

사람은 오직 현종과 숙종, 그리고 대종 사이에 살았던 원결(元結: 719~772, 자 次山, 河南 洛陽 사람)뿐이었다. 그는 변문에 반대해 고문으로 작품을 지었는데, 문자가 소박하고 화려한 문채를 숭상하지 않으면서도 자기만의 독특한 예술적 풍격을 갖추고 있었다. 그가 지은 정론문(政論文)과 잡문(雜文)은 사회현실에 대해 과감한 비판도 서슴지 않았다. 반면 그가 지은 산수유기(山水遊記)나 원정기(園亭記)는 간소하고 담백하며 그윽하고 고아한 것이 조탁의 흔적이라곤 보이지 않는다. 그의 작품은 후세 고문운동의 창작 실천에 선구적 작용을 하였다. 그러나 그의 작품은 기세 면에 있어서 지나치게 촉박하고 다급하며, 풍격 면에 있어서 괴이하고 난삽하다는 결점을 지니고 있다. 이 때문인지, 그에게는 고문운동을 이끌어나갈 능력이 아직 구비되어 있지 않았다.

3. 당대(唐代) 고문운동의 주요 내용과 목표

8세기 말에서 약 820년대까지는 당나라 왕조가 안사(安史)의 난 이후의 쇠퇴기를 거쳐 중흥(中興)으로 접어드는 시기였다. 당시 중앙정권은 상당히 안정되었고 생산력이 늘어나면서 경제와 문화도 새로운 고조(高潮)를 맞이했다. 신흥 중소지주계층이 정치적으로 안정적인 지위를 얻으면서 대지주 관료계층과 격렬한 투쟁을 벌이게 되었다. 장기간의 문학개혁 준비시기를 거치면서 변문의 말류(末流)를 향한 산문의 공격력도 더욱 커졌으며, 대규모로 고문운동을 전개할 시기도 성숙되었다. 이러한 때에 한유(韓愈)와 유종원(柳宗元)이 앞장서 고문운동을 이끌어 나가니, 고문은 마침내 전면적 승리를 거두게 되었다.

(1) 고문운동의 영수(領袖) ― 한유와 유종원

고문운동의 참가자로는 저명 작가인 이관(李觀: 767~795, 자 元賓, 隴西 사람)·구양첨(歐陽詹: 798~? 자 行周, 晉江 사람)·유우석(劉禹錫: 772~842, 자 夢得, 彭城 사람)·백거이(白居易: 772~846, 자 樂天, 太原 사

람)・원진(元稹: 779~831, 자 微之, 河南 河內 사람) 등이 있다. 고문운동의 승리는 이들의 협심어린 노력과 무관하지 않다. 하지만 고문운동의 승리에 결정적 역할을 한 사람은 바로 이 운동의 영도자인 한유와 유종원이었다.

한유는 자가 퇴지(退之)로 하내(河內) 하양(河陽: 지금의 河南省 孟縣) 사람이다. 당나라 대종(代宗) 대력(大曆) 3년(768)에 태어났다. 스물다섯에 진사과에 급제했으나 스물아홉이 넘어서야 관료 생활을 시작했다. 수차례 상소를 올려 시국의 폐단을 논했다. 감찰어사(監察御使)로 있을 때에는 관중(關中)의 이재민을 위해 세금과 부역을 감면해달라는 상소를 올렸다가 양산현령(陽山縣令)으로 폄적되었다. 원화(元和) 14년(819)에는 부처의 사리를 궁으로 맞이해오는 것을 반대하다가 헌종(憲宗)의 심기를 건드려 조주자사(潮州刺史)로 폄적되었다. 그 후 국자좨주(國子祭酒)・병부시랑(兵部侍郞)・이부시랑(吏部侍郞) 등을 역임하였기에 사람들은 그를 '한이부(韓吏部)'라고 부른다. 목종(穆宗) 4년(824)에 세상을 떴다. '문(文)'이라는 시호를 받아 그를 '한문공(韓文公)'이라 부르기도 한다.

[韓愈 초상]

[柳宗元 초상]

3. 당대(唐代) 고문운동의 주요 내용과 목표

유종원은 자가 자후(子厚)이며 하동(河東: 지금의 山西省 永濟) 사람이다. 대력 8년(773)에 태어나 헌종 원화 14년(819)에 죽었다. 스물한 살에 진사과에 합격했다. 그는 정치적으로 조정의 개혁을 외쳤고 현명하고 능력 있는 인재를 등용할 것을 주장하였다. 그는 왕숙문(王叔文)을 중심으로 하는 진보적 정치집단에 가담했는데, 그의 건의 하에 백성에게 이로운 일련의 정치적 조치가 실시되기도 했으나, 귀족 관료 계층과 환관들의 격렬한 반대에 부딪혀 얼마가지 못해 실패하고 말았다. 유종원도 오랜 시간 폄적 생활을 하였는데, 먼저 영주(永州: 지금의 湖南省 零陵) 사마(司馬)가 되었다가 다시 유주(柳州)의 자사(刺史)로 옮겨가 결국 그곳에서 세상을 떴다. 겨우 마흔 여섯의 나이였다. 그가 당시 대지주 관료집단으로부터 받았던 박해는 정말로 가혹한 것이었다.

한유와 유종원은 모두 중소지주계층에 속한 인물이었다. 그러나 한유는 정치적으로 늘 빌붙어가는 태도를 취하면서 대지주 관료계층을 대변하였다. 그의 이러한 '빌붙기' 태도, 좀 더 심하게 말해 낙후된 태도로 인해 그의 문학적 성취도 또한 어느 정도 제한을 받을 수밖에 없었다. 반면 유종원은 시종일관 진보적 입장에 서서 작품을 통해 현실을 반영하고 비판하였다. 때문에 문학적 진보성을 놓고 말하자면 유종원이 한유를 훨씬 능가한다고 할 수 있다.

하지만 고문운동에 있어서의 한유의 공적은 긍정을 받아야 마땅하다. 그는 운동의 최전선에 서서 적진을 물리쳤으며, 큰 외침으로 군중을 고무시키면서 고문운동을 이끌어나갔다. 더욱 중요한 것은, 그가 고문운동에 명확한 방향을 지시하고 구체적 요구를 제시하면서 시종일관 운동을 이끌어나갔다는 점이다. 이른바 "적진을 깨끗이 섬멸한 공적은 전쟁에 비할 만하다"[21]는 말은 실제에

---

21) 이한(李漢)이 지은 「한창려집 서문(韓昌黎集序)」에 나오는 말. 원문은 "推陷廓清之功, 比於武事"이다.

매우 부합하는 평가라 할 수 있다. 유종원은 그의 우수한 작품들을 통해 고문운동을 이끌어 나갔다. 또한 한유와 마찬가지로 적잖은 청년 작가들을 길러냄으로써 고문이 대중의 광범위한 지지를 받을 수 있는 기초를 다졌다. 한유와 유종원이 고문운동을 이끌어나간 방식에는 서로 간의 차이가 있었지만 둘 다 고문운동의 승리에 결정적 역할을 하였으므로 고문운동에 있어 누구 하나 없어서는 안 될 그런 인물이었다. 주지하다시피 고문 제창 당시 한유는 많은 장애에 부딪혔고 또 많은 배척을 받았다. 그의 사위인 이한(李漢)은「창려집 서문(昌黎集序)」에서 당시 한유의 처지를 서술하면서, "사람들은 처음에는 놀라다가 중간에는 비웃었으며, 선생을 더욱 심하게 배척했다"22)라고 하였다. 그때 오직 유종원만이 한유와 한 편에 서서 적극적으로 한유를 지지했다. 한유가「모영전(毛穎傳)」을 지어 사람들의 조소를 받게 되자 유종원은 직접 나서서 한유를 위해 변호를 하였으며, 한유를 비웃는 무리들을 강력하게 비판하면서, 저들이 좋아하는 문장이란 고작 "모방과 표절이나 하고, 색깔을 찾다 구색이나 맞추며, 겉만 유들유들 살지고 뼈대라곤 노골노골 약하기 짝이 없는"23)것일 뿐이라고 말했다. 한유가 유종원의 문장을 누군가에게 추천하자 유종원은 겸손한 언사로 한유의 재주와 학식이야말로 나를 훨씬 능가하니, 오직 사마천(司馬遷) 같은 사람이라야 견줄 수 있을까, 양웅(揚雄)조차도 그의 "거침없는 기세와 거리낌 없는 창작 정신"24)에는 미치지 못할지니, 양웅이 대수겠는가! 라고 말했다. 한유를 추대한다는 것은 고문의 지위를 높이는 것과 마찬가지이

---

22) 원문은 "時人始而驚, 中而笑, 且排先生益堅"이다.
23) 유종원의「한유가 지은 모영전을 읽고 쓰다(讀韓愈所著毛穎傳後題)」에 나오는 말. 원문은 "模擬竄竊, 取靑媲白, 肥皮厚肉, 柔筋脆骨"이다.
24) 유종원의「한유와 서로 문묵으로 추대하던 일을 보이며 위형에게 주는 답장(答韋珩示韓愈相推以文墨事書)」에 나오는 말. 원문은 "猖狂恣睢, 肆意有所作"이다.

니, 그가 한유와 한편이 되어 고문운동을 이끌어나갔음은 말할 필요도 없을 것이다. 한유와 유종원이라는 두 명의 걸출한 작가야말로 문학적으로 뜻을 같이 하는 전우(戰友)였음을 알 수 있다.

(2) '도에 뜻을 두다(志道)'와 '도를 밝히다(明道)', 그리고 형식주의에의 반대

'도에 뜻을 두다(志道)'와 '도를 밝히다(明道)'는 고문운동의 이론적 기초이자 작가들을 향해 부르짖었던 운동의 기치였다. 송나라에 이르러 '문장에 도를 싣다(文以載道)'는 구호로 바뀌어, 원래의 '도에 뜻을 두다(志道)'나 '도를 밝히다(明道)'에 비해 더욱 선명해지고 포괄적으로 변하였다. 뒷부분의 서술에서는 이 용어를 채택하여 사용할 것이다.

한유는 자신이 고문을 짓는 목적을 말하면서, 단순히 '금문(今文)' 즉 변문과 형식적으로 다른 문장을 짓기 위해서가 아니라 '고문(古文)'에 뜻을 두기 위해 짓는다고 하였다. 한유는 「이수재에게 드리는 답장(答李秀才書)」에서도 "내가 옛 것에 뜻을 두고 있는 이유는 옛날의 문사만이 좋아서가 아니라 옛날의 도(道)가 좋아서이다"[25]라고 하였는데, 그가 말하는 이른바 '옛날의 도'란 무엇을 가리키는 것인가? 그는 「도의 근원을 밝히다(原道)」에서 다음과 같이 풀이하고 있다.

"이는 내가 말하는 도(道)이니, 아까 말했던 도가(道家)와 불가(佛家)의 도와는 다르다"고 대답한다. 요(堯)임금은 이 도를 순(舜)임금에게 전했고, 순임금은 이 도를 우(禹)임금에게 전했으며, 우임금은 이 도를 탕(湯)임금에게 전했고, 탕임금은 이 도를 다시 문왕(文王)·무왕(武王)·주공(周公)·

---

25) 원문은 "愈之所志於古者, 不唯其辭之好, 好其道焉耳"이다.

공자(孔子)에게 전했다. 공자는 이 도를 맹가(孟軻)에게 전했다. 맹가가 죽은 뒤로 이 도는 전해지지 않았다. 순자(荀子)와 양웅(揚雄)이 있었으나, 가렸으되 세심하게 하지 못했고, 말을 했으되 상세하게 하지 못했다. 주공 그 위의 사람들은 높이 임금의 자리에 있었기 때문에 일을 시행하기 쉬웠다.

"斯吾所謂道也, 非向所謂老與佛之道也." 堯以是傳之舜, 舜以是傳之禹, 禹以是傳之湯, 湯以是傳之文・武・周公. 文・武・周公傳之孔子, 孔子傳之孟軻. 軻之死, 不得其傳焉. 荀與楊也, 擇焉而不精, 語焉而不詳.

또한 「장적에게 다시금 주는 답장(重答張籍書)」에서도 옛날의 도가 과연 무엇이냐에 관해 더욱 개괄적으로 설명하고 있다.

나의 도는 공자・맹자・양웅이 전한 도이다.
己之道乃夫子・孟軻・揚雄所傳之道也

그가 말하고 있는 도란 바로 봉건통치 질서를 유지해왔던 정통 유가의 윤리 도덕 등의 관념임을 알 수 있다. 마찬가지로 유종원 또한 문장에서의 도의 역할을 힘껏 주장하였다. 그는 처음에 "성인의 말씀은 도를 밝힐 수 있다"[26]고 하더니 이어 "문장이란 도를 밝히기 위한 것이다"[27]라고 하면서, 문장은 곧 성인의 도를 밝히기 위해 짓는 것임을 지적하였다. 실제 창작에 임하는 정신적 태도를 논하면서는 마땅히 고대 유가 성현의 경전을 학습하여 "도를 취하는 근원"으로 삼아야 한다고 주장하였다. 유종원 또한 유가의 경전이란 "그 귀착

---

26) 유종원의 「글 짓는 법에 대해 논하여 수재 최암에게 드리는 답장(報崔黯秀才論爲文書)」에 나오는 말. 원문은 "聖人之言, 期以明道"이다.
27) 유종원의 「사도를 논하여 위중립에게 드리는 답장(答韋中立論師道書)」에 나오는 말. 원문은 "文者以明道"이다.

3. 당대(唐代) 고문운동의 주요 내용과 목표

점이 공자를 벗어나지 않는다"28)라고 했으니, 기실 한유가 말한 도와 마찬가지로 유종원의 도 역시 공자·맹자의 도임을 알 수 있다. 하지만 그들의 말하는 도에는 또 다른, 심지어는 훨씬 중요한 의미가 포함되어 있다. 즉 그들이 문장과 도를 나란히 언급할 때, 또 문예이론의 각도에서 '명도(明道)'를 논할 때, 이 도라는 것은 언제나 형식과 상대되는 의미에서의 내용, 혹은 예술성과 상대되는 의미에서의 사상성 내지는 그들 간의 주객관계를 드러내는 개념으로 전환되고 있다는 사실이다. 이는 순수한 철학적 의미에서의 공맹의 도와 완전히 부합하지는 않는다.29)

문학이론에 있어 '문장에 도를 싣다(文以載道)'는 말이 담고 있는 정확한 의미는 아마도 '도(내용, 즉 사상)가 주체이고 문장(형식, 즉 예술성)이 수단이나 도구이다'라고 해석해야 옳을 것이다. 문장의 역할은 도를 싣는 것, 다시 말해 잘 담아서 도가 실행될 수 있도록 해주는 데 있다. 이를 통해 우리는 두 가지 문제에 답할 수 있다. 첫째는 문장과 도는 반드시 결합해야만 한다는 것이다. 문장만 있고 도가 없으면 문장은 존재 이유를 잃어버리고, 도만 있고 문장이 없으면 도가 실행되지 못한다. 두 번째 문제는 문장과 도에는 선후의 차이가 있다는 것이다. 도는 문장의 영혼과 같은 존재이므로 반드시 우선되어야 한다. 문장은 수단이자 도구에 불과하지만, 그래도 도에게 있어서는 육체와도 같

---

28) 유종원의 「원군 진수재에게 드리는 답장(報袁君陳秀才書)」에 나오는 말. 원문은 "其歸在不出孔子"이다.
29) 【원주】후세 사람들도 당대 고문운동의 두 영도자인 한유·유종원이 선양했던 도(道)라는 것이 진정한 공자·맹자의 도가 아님을 알고 있었다. 송나라 때 주희(朱熹)가 "한유는 도가 무엇인지 근본적으로 알지 못한다"고 말했고, 청나라 때 방포(方苞)가 "유종원의 도에 대한 인식은 아주 얕아서, 심지어는 유가 경전의 자구에 대한 이해조차도 철저하지 못하다"고 말한 것처럼 말이다. 이러한 말들은 유가 정통 학자들이 당대 고문운동의 "문이재도(文以載道)"를 정통 유가의 '도'로 인정하지 않고 있음을 대변하고 있다.

은 존재이다. 육체가 없으면 영혼은 존재할 수 없다. 이러한 관계를 잘 알고 있었기 때문에 고문운동의 영도자들은 도를 강조함과 동시에 문장의 중요한 작용을 결코 소홀히 하지 않았다. 한유는 "나의 뜻은 옛날의 도에 있으며 옛날의 문사를 또한 혹심히 좋아한다"[30]고 하였고, "글이 애매하다면 내용이 제아무리 좋은들 누가 보겠습니까?"[31]라고 하였다. 도에 사상과 내용이라는 함의를 담았기 때문에 도를 강조하면서도 문학에 활발한 생명력을 불어넣을 수 있었고 또 그러면서도 후세 팔고문(八股文)이 성인을 대신해 입언을 했던 것처럼 그렇게 딱딱한 유가의 교조를 반복하는 지경에는 이르지 않을 수 있었다. 사상과 내용은 상당히 광범위하기 때문이다. '문이재도(文以載道)'의 진보적 의미가 바로 여기에 있다.

 '문이재도'의 이론에 진보적 색채가 있긴 하지만 한계도 분명히 있다. 여기서 표방하고 있는 도란 어쨌건 봉건통치계급의 이익을 대변하는 도일뿐, 유가 사상의 울타리를 벗어날 수 없기 때문이다. '문이재도'가 내용을 풍부하게 하고 충실하게 하고자는 의욕에서 나왔기에 어떤 면에 있어서는 현실을 직시하는 긍정적 작용도 있긴 하지만, 동시에 이러한 진보적 경향 속에서도 작가들은 종종 어떤 문제에 있어서는 이 이론을 자신들의 유가적 전통 관점을 지지하는 데 이용하기도 하였다. 이 구호가 지니고 있는 한계성은 한유에게서도 명확히 드러난다. 그의 적잖은 작품들은 진보적 의의를 지니고 있는 고문운동 위에 농후한 '도를 호위하는(衛道)' 색채를 덧칠해놓았다. 이로 인해 '문이재도'의 구

---

30) 한유의 「진생에게 드리는 답장(答陳生書)」에 나오는 말. 원문은 "愈之志在古道, 又甚好其辭"이다.
31) 한유의 「평회서비문을 바치며 올리는 표문(進撰平淮西碑文表)」에 나오는 말. 원문은 "文字曖昧, 雖有美實, 其誰觀之?"이다.

3. 당대(唐代) 고문운동의 주요 내용과 목표

호는 훗날 장기간 동안 봉건문인들에 의해 이용되었으니, 이는 결코 우연이 아닌 것이다.

한유는 불교를 반대한 것으로 유명하다. 그런데 그가 제창한 '도' 안에는 모든 이단사상을 배척한다는 주장이 담겨있으므로 고문운동은 곧 '도를 호위하는' 운동이라고 주장하는 사람도 있다. 하지만 이는 잘못된 생각이다. 모두 알고 있다시피, 한유는 당시의 상황 하에서 국가의 재정을 유지하고 민생의 이익을 보호하기 위해 개인의 안위 따위는 돌보지 않았고, 심지어는 생명의 위험을 무릅쓰면서까지(헌종이 사리를 궁으로 맞이해오려 할 때 간언을 올렸다가 죽임을 당할 뻔한 일) 생산에 종사하지 않는 승려계급을 힘껏 배척하였다. 이는 물론 매우 진보적인 의의를 지닌 일이라 할 수 있다. 하지만 고문운동의 중심 과제는 이단을 배척하는 데 있지 않다. 한유와 이고(李翶) 같은 몇몇 개별적 작가들 외에 대부분의 고문운동가들은 — 예를 들면 또 한 명의 영도자인 유종원 — 대부분 불교에 반대한다는 입장을 밝히지 않았다. 오히려 불교 연구에 대한 깊은 흥미를 드러내기도 하였다. 유종원은 한유가 불교를 반대하는 것에 대해 공개적으로 비판하면서, "퇴지가 탓하고 있는 것은 드러난 모습일 뿐이다. 머리 깎고 검은 승복을 입었다느니, 부부의 연도 부자의 연도 없다느니, 경작도 하지 않고 누에도 치지 않으며 남에게 빌붙어 산다느니, 이와 같은 것들은 나도 달갑지 않다. 하지만 퇴지는 겉모습에 화가 나서 정작 속 내용은 보질 못하였으니, 이는 돌인줄로만 알았지 속에 옥을 품고 있음은 알지 못하는 것과 마찬가지이다"32)라고 하였다. 유종원도 승려들이 생산에 종사하지 않고 남에

---

32) 유종원의 「승려 호초를 보내는 글(送僧浩初序)」에 나오는 말. 원문은 "退之所罪者其迹也。曰髡而緇, 無夫婦父子, 不爲耕農蠶桑而活乎人, 若是, 雖吾亦不樂也。退之忿其外而遺其中, 是知石而不知韞玉也"이다.

唐宋古文運動

게 빌붙어 먹고사는 것에 대해서는 한유와 마찬가지로 반대하고 있지만, 한유가 이러한 것에 반대한다는 이유로 불교의 모든 학설까지 반대하는 것에 대해서는 동의하지 않았음을 알 수 있다.

여기서 우리는 고문운동에서 주장하고 있는 '도'라는 것에 대해 모두가 유가의 기본 원칙을 가지고 설명해야 한다는 데는 동의하고 있지만, 그 구체적 내용에 대해서는 하나의 통일된 규정이 있지 않아서 해석하는 방법이 서로 다르다는 것을 알 수 있다. 따라서 이단을 배척하는 것과 도를 호위하는 것은 고문운동의 목표가 될 수는 없다. 이 점은 곧 "그들이 제창한 '도'의 또 다른 중요한 일면은 바로 문학의 사상과 내용으로 이해해야 한다"는 상기 언급을 증명해준다. 또한 바로 그렇기 때문에 '도'의 철학적 내용에 대해 서로 다른 의견을 지니고 있는 그 많은 사람들이 '도'의 문학 이론, 즉 내용이 형식을 결정한다는 관점에 뜻을 같이 하고 노력할 수 있었던 것이다. 바로 이 점 때문에 고문운동의 '명도(明道)'·'재도(載道)' 주장은 문학의 사상과 내용을 강조함으로써 육조(六朝) 변문의 내용이라곤 없는 형식주의 문풍을 반대하는 이론으로 귀결될 수 있었다. 고문운동의 경쟁 대상은 변문이었다. 고문운동은 문학이론을 위해 분투한 것이지, 철학사상을 위해 분투한 것은 아니었다.

(3) 작가의 도덕수양 문제

계급사회 속에는 각양각색의 도덕수양이 있고 그에 따른 각각의 요구조건이 있다. 그러나 그 목적은 자기가 속한 계급 혹은 계층의 이익을 위하는 데 있다. 변문이 성행하던 시대, 특히나 변문의 말류에 이르렀던 당시에 화려한 겉모습에 가려져 있던 것은 바로 향락을 추구하기 위해 부패해버린 육신이었다. 작가의 도덕적 수양이 높지 않으면 작품에도 저급함이 그대로 표출될 수밖에 없다. 당대 고문운동이 신흥 중소지주계층의 이익을 위해 일어났던 만큼,

3. 당대(唐代) 고문운동의 주요 내용과 목표

고문운동을 위해 헌신하던 작가들의 도덕 수양 문제에 특별히 치중했으며, 동시에 이와 같은 도덕수양 문제를 상당히 높은 수준으로까지 끌어올려 변문을 공격하는 하나의 예리한 무기로 삼았다. 그전 어느 시대의 문학을 막론하고 작가의 도덕적 수양과 작품의 품질과의 상관관계를 이러한 정도로까지 끌어올렸던 적은 없었다. 여기서 우리는 당대 고문운동의 작가에 대한 요구조건이 상당히 엄격했음과 표준이 매우 높았음을 알 수 있다.

유종원과 한유는 모두 작가의 도덕적 수양은 가장 기본 되는 요구조건이며 작품은 작가의 도덕적 수양의 반영이라고 여겼다. 또한 도덕적 수양 정도는 문장의 수준을 결정한다고 믿었다. 「사명(師名)을 피하며 원군 진수재에게 드리는 답장(報袁君陳秀才避師名書)」에서 유종원은 "문장은 행실을 근본으로 한다. 먼저 내면을 진실되게 해야 한다"[33]라고 천명하고 있다. 그 뜻인즉, 진실된 작품은 진실된 작가에게서만 나올 수 있다는 것이다. 역으로 거짓된 작품은 거짓된 작가에게서만 나온다는 이치를 동시에 설명하고 있다.

한유는 이 점에 있어 한 걸음 더 나아간 주장을 펼치고 있다. 그는 작가들에게 자신들의 창작물을 대하는 올바른 태도를 말하면서, "빨리 이루어지기를 바라지 말고, 세력이나 이익에 유혹되지 말라. 뿌리를 기른 후에 열매를 기다리고, 기름을 부은 후에 빛을 바라라. 뿌리가 무성하면 그 열매가 잘 맺힐 것이요, 기름이 비옥하면 그 빛이 혁혁할 것이다. 인자하고 의로운 사람은 그 말씀이 인자할 것이다"[34]라고 하였다. 즉, 작가에게 있어서는 행실을 세움(立行)이

---

33) 원문은 "文以行爲本. 在先誠其中"이다.
34) 한유의 「이익에게 주는 답장(答李翊書)」에 나오는 말. 원문은 "無望其速成, 無誘於勢利. 養其根而竢其實, 加其膏而希其光. 根之茂者其實遂, 膏之沃者其光曄. 仁義之人, 其言藹如也"이다.

으뜸이요, 말씀을 세우는 것(立言)은 그 다음이니, 도덕적 수양에 더욱 힘써 스스로의 덕을 높여야만 풍성하고 밝은 빛을 발하는 작품을 창작할 수 있음을 말하고 있는 것이다.35) 한편 그는 또 "소위 문장이라는 것은 내면에 무엇인가가 차있어야만 나오는 것이기에 군자는 내실을 신중히 하였다. 내실의 아름다움과 추함은 밖으로 감출 수 없다. 뿌리가 깊으면 가지가 무성하고, 형체가 크면 소리 또한 우렁차며, 행실이 준엄하면 말씀이 엄격하고, 마음이 순정하면 기운이 조화롭다. 밝고 맑은 자는 의심할 수 없고, 느긋이 노니는 자는 여유롭다"36)라는 말도 하였다. 여기서 '내실'이라 함은 작가의 도덕적 수양을 가리킨다. 내실의 아름다움과 추함은 도저히 가릴 수가 없어서, 어떠한 내실을 지니고 있느냐 하는 것은 곧 어떠한 작품을 써내느냐와 긴밀한 연관이 있다. 후세 사람들이 늘 하는 "문장이 그 사람됨과 흡사하다"는 말은, 바로 한유의 뜻을 정확히 이해하고 있는 것이다.

　한유와 유종원은 창작 준비단계에 접어들 시점에 있어서 작가가 갖추어야 할 마음 상태를 이야기하면서 '기(氣)'와 '정신'의 문제를 제시했다. 문장의 '기'와 '정신'의 문제는 중국문학이론사에 있어 오래도록 논의되어왔던 쟁점이었는데, 논자들이 고의로 이를 신비롭게 이야기한 탓에 지나치게 신비화·심오화된 경향이 없지 않다. 그러나 한유와 유종원은 이러한 신비화·심오화의 겉껍

---

35) 【원주】 한유의 문하생인 심업지(沈業之)도 선생의 말을 다음과 같이 기술하고 있다. "한쾌 주께서 하시는 말씀을 들으니, 나무를 잘 키우는 자는 먼저 좋은 흙으로 북돋아 주고 때때로 물을 주니, 그렇게 하면 가지에 돋아나는 싹이 절로 뾰족해진다(聞之韓祭酒之言曰: 善藝樹者必壅以美壤, 以時沃灌, 其柯萌之鋒由自而銳也.)"(「한정략을 보내는 글(送韓靜略序)」) 여기서도 같은 이치를 이야기하고 있다.
36) 한유의 「울지생에게 주는 답장(答尉遲生書)」에 나오는 말. 원문은 "夫所謂文者, 必有諸其中, 是故君子愼其實. 實之美惡, 其發也不掩. 本深而末茂, 形大而聲宏, 行峻而言厲, 心醇而氣和. 昭晣者無疑, 優遊者有餘"이다.

3. 당대(唐代) 고문운동의 주요 내용과 목표

질을 과감히 벗겨버리고 이는 곧 작가의 도덕적 수양문제임을 명백히 지적해 냈다. 유종원은 "문장은 정신을 위주로 해야 한다"[37]라고 하였다. 정신이 흐릿하면 창작에 전념할 수 없기 때문이다. 한유는 이 문제를 더욱 간단명료하게 설명하면서, 이는 곧 작가가 창작에 임할 당시의 정신상태가 작품에 표출된 것이라고 하였다. 충만한 정신상태만이 작품에 왕성한 기세를 부여할 수 있고, 그렇게 되면 작품은 자연히 훌륭해진다는 것이다. 한유는 이러한 관점을 설명하기 위해 형상성(形象性)에 관한 이야기를 하면서, 기(氣)를 물에, 문장을 수면에 떠있는 물체에 비유하였다. '물이 불어나면 배가 높이 뜬다(水漲船高)'라는 말이 있는데, 한유는 기(氣)와 문장과의 관계 또한 이와 마찬가지라고 여긴 것이다.

> 기(氣)는 물이요, 언(言)은 물체이다. 물이 드넓으면 그 위에 띄운 물체도 대소를 막론하고 모두 뜨게 되어있다. 기(氣)와 언(言)의 관계도 그러하다. 기운이 성하면 긴 말이건 짧은 말이건, 높은 소리이건 낮은 소리이건 모두가 온당하다.
> 氣, 水也, 言, 浮物也. 水大而物之浮者, 大小畢浮. 氣之與言猶是也. 氣盛, 則言之長短, 與聲之高下者皆宜.[38]

고문을 쓰기 위해서는 반드시 기세가 우선 되어야 함을 지적하고 있는데, 고문은 조작과 꾸밈으로 일관하는 변문과 다르기 때문에 장단과 고하에 아무런 구속도 받지 말 것을 요구하고 있는 것이다.

---

37) 유종원의 「경조 양빙에게 드리는 편지(與京兆楊憑書)」에 나오는 말. 원문은 "凡爲文, 以神志爲主"이다.
38) 한유의 「이익에게 주는 답장(答李翊書)」에 나오는 말.

唐宋古文運動

　유종원은 정치적 핍박 속에서도 자신의 뜻을 꺾지 않았다. 그는 "옛날에 나의 뜻은 굳고도 남달랐건만, 지금 어찌하여 이러한 화를 당했는가? 그러나 어찌 먹을 것이나 탐하며 명예를 도둑질할 것인가, 저 세속과 한데 섞이지 않으려네"[39]라고 공개적으로 밝힌 바 있다. 뜻이 이토록 굳건했기 때문인지, 정치적 핍박을 받은 후의 작품들은 그 내용이 더욱 깊이 있다.

　이러한 예로 보건대, 한유와 유종원이 제시하고 있는 작가의 도덕 수양에 관한 요구조건과 그들 스스로의 실천 노력은, 비록 어느 정도 한계가 있기는 하겠지만, 그래도 당시의 경박하고 부화한 문풍을 돌려놓고, 차세대 신진작가에게 도덕적 품성의 함양과 언행합일을 실천할 것, 그리고 고상한 행동과 이상을 갖출 것을 요구하는 데 있어서 긍정적 작용을 하였을 것이라는 점만은 인정해야 한다.

(4) '마음에 불평이 있으면 소리 내 운다(不平則鳴)'와 현실에 대한 비판

　한유는 '마음에 불평이 있으면 소리 내 운다(不平則鳴)'라는 이론을 내세워 고문운동이 사회현실에 대해 비판을 가하는 이론적 근거로 삼았다. 그는 「맹동야를 보내는 글(送孟東野序)」에서 다음과 같이 말했다.

　　만물은 평정을 얻지 못하면 소리 내 운다. 초목은 본디 소리가 없으나 바람이 흔들면 소리 내 울고, 물은 본디 소리가 없으나 바람이 치면 소리 내 운다. 솟구치는 것은 무언가가 그것을 쳤기 때문이고 내달리는 것은 무언가가 그것을 막았기 때문이며, 끓어오르는 것은 무언가가 그것에 불질을 했기 때문이다. 금석은 본디 소리가 없지만 두들기면 소리 내 운다. 사람이 말을

---

39) 유종원의 「징구부(懲咎賦)」에 나오는 말. 원문은 "冀余之志修蹇兮, 今何爲此戾也? 夫豈貪食而盜名兮, 不混同於世也"이다.

3. 당대(唐代) 고문운동의 주요 내용과 목표

하는 것도 마찬가지이다. 도무지 어쩔 수가 없어서 말을 하는 것이니, 노래를 하는 것은 생각이 있어서이고 우는 것은 가슴에 품은 바가 있어서이다. 입에서 나와 소리가 되는 것들은 모두 평정치 못한 바가 있기 때문이다!

太凡物不得其平則鳴. 草木之無聲, 風撓之鳴. 水之無聲, 風蕩之鳴. 其躍也, 或激之. 其趨也, 或梗之. 其沸也, 或炙之. 金石之無聲, 或擊之鳴. 人之於言也亦然. 有不得已者而後言, 其謌也有思, 其哭也有懷. 凡出乎口而爲聲者, 其皆有弗平者乎!

그리고는 고금의 저명한 사상가나 문학가들을 열거하면서 그들을 '잘 우는 사람'이라 칭하였으며 그들이 잘 울었던 이유는 '마음에 평정을 얻지 못하였기 때문'이라고 하였다. 현실로부터 받는 감성적 자극이 강할수록 쌓인 울분은 더욱 짙어지며, 그러면서 그의 울음은 더욱 높아지고 더욱 거침없어지고 더욱 용감해진다. 이와 반대의 경우라면 '잡다하고 아름답지 못하게 된다.'[40] 이 글에서 한유는 문학이란 시대와 사회생활의 모순과 투쟁으로부터 나온 산물임을 말하고 있다. 작가의 책임은 바로 이러한 모순과 투쟁을 반영하는 것이다.

「형담창화시 서문(荊潭唱和詩序)」에서는 이 '불평즉명'에 대해 더욱 구체적인 해석을 하고 있다.

> 평화로운 시절의 노래는 담담하고, 수심에 찬 소리는 오묘하지요. 즐거울 때 지은 글은 좀체 공교로워지지 못하고, 곤궁하고 괴로울 적에 적은 말은 쉬이 훌륭해지지요. 이러한 까닭에 문장은 늘 타향을 떠도는 사람이나 초야에 묻혀 지내는 사람들 손에서 나오곤 했습니다. 왕공귀인들처럼 득의양양한 사람들은 천성적으로 문장을 좋아하지 않을 바에야 그런 것을 지을 겨를이 없습니다.

---

40) 한유의 「맹동야를 보내는 글」에 나오는 말. 원문은 "雜亂而無章"이다.

唐宋古文運動

> 夫和平之音淡薄, 而愁思之聲要妙. 讙愉之辭難工, 而窮苦之言易好也. 是故文章之作, 恒發於羈旅草野. 至若王公貴人氣滿志得, 非性能而好之, 則不暇以爲.

이 말은 봉건사회에서 억압과 배척을 받는 지식분자들이 통치계급을 향해 터뜨리는 울분을 그대로 반영하고 있다. 이와 동시에 진정한 감정을 지니고 있는 문학작품은 시대정신을 표현할 수 있고, 시대와 긴밀한 유대감을 지니고 있는 작가만이 써낼 수 있다는 이치를 객관적 입장에서 설명하고 있다.

한유는「왕수재를 보내는 글(送王秀才序)」에서 완적(阮籍: 210~263, 자 嗣宗, 陳留 尉氏 즉 지금의 河南省 開封 사람)과 도연명(陶淵明: 372~427, 일명 潛, 潯陽 柴桑 지금의 江西省 九江 사람)이 위대한 시인이 될 수 있었던 것은 그들이 "마음의 평정을 얻지 못하고, 사물의 시시비비에 느낀바가 있었기 때문"41)이라고 설명하였다. 또「상인 고한을 보내는 글(送高閑上人序)」에서는 장욱(張旭)이 당대 최고의 서예가가 될 수 있었던 것은 "불평의 감정이 움직이고 있고",42) "기쁜 일이건 놀라운 일이건 그 감정을 모두 서예에 실었기 때문"43)이라고 하였다. 고한 스님이 장욱의 서법을 배우고자 하는 것에 대해 한유는 "지금 고한도 초서를 쓸 때에 장욱과 같은 마음이 있는가? 마음은 얻지 못하고 겉모습만 뒤쫓으면서 장욱처럼 될 수 있었던 자를 나는 여태 보지 못하였다"44)라고 반문하였다. 고한의 마음에 "불평의 감정이 움직이고 있지" 않으면, 아무리 배워봐야 겉모습밖에는 얻지 못할 것임을 의미하는 말이다.

---

41) 원문은 "未能平其心, 爲事物是非相感發"이다.
42) 원문은 "不平有動於心"이다.
43) 원문은 "可喜可愕, 一寓於書"이다.
44) 원문은 "今閑之於草書, 有旭之心哉? 不得其心而逐其迹, 未見其能旭也"이다.

3. 당대(唐代) 고문운동의 주요 내용과 목표

　한유와 유종원은 모두 자신의 작품을 가지고 '마음 속 불평을 잘 울어내는' 작자들의 대오에 합류하여 당시 사회현실 속에 내재하는 여러 가지 불합리한 현상을 깊이 있게 드러냈다. 소년시절에 한유는 '넓적다리를 베어 내 부모의 병을 고치는(割股療親)' 것을 반대하는 글「호인대(鄠人對)」을 지어 봉건예법 하에 미화되어 있는 허위에 가득 찬 효도를 비판하였다. 또「휘변(諱辯)」을 지어 "증삼·주공·공자의 행실은 힘써 닦지 않으면서 부모의 이름 피휘하는 일에 있어서만 유독 증삼·주공·공자를 앞지르려고 하는"[45] 위군자들의 가소로운 모습을 신랄하게 비판하였다. 이밖에도「쟁신론(爭臣論)」에서는 겉으로는 "공손하니"[46] 미더워 보이지만, 겉모습부터 내면까지 열정도 잃어버리고 백성들이 그에게 거는 중망도 망각한 채 살아가는 용렬한 신하들을 비난하였고,「비방의 근원을 밝히다(原毀)」에서는 당시 상류사회에 보편적으로 존재하던 나태함과 질투 등 좋지 못한 풍습을 예리하게 지적하였다. 이 빛나는 작품들이야말로 한유 '불평즉명' 이론의 구체적 실천인 것이다.

　저항의 의지로 가득 차있는 유종원의 많은 작품들은 마음속 불평을 잘 울어내던 작가로서의 가장 훌륭한 본보기이다.「천설(天說)」·「봉건론(封建論)」·「육역론(六逆論)」·「비국어(非國語)」 등은 한 편 한 편이 사회현실에 대한 비판이요, 예리한 칼날에는 투지가 번뜩인다. 논문 이외의 작품들도 진보적 입장에 서서 통치자들에 대해 비평을 가하고 있다. 예를 들면, 저 유명한「땅꾼 이야기(捕蛇者說)」같은 작품은 각박하리만치 백성들로부터 거둬들이는 세금의 잔혹함을 직접적으로 폭로한 일종의 힘 실린 항변이라 할 수 있다.「임지

---

45) 원문은 "不務行曾參·周公·孔子之行, 而諱親之名則務勝於曾參·周公·孔子"이다.
46) 원문은 "恂恂如如"이다.

로 가는 설존의를 보내는 글(送薛存義之任序)」과 같이 친구를 떠나보내며 지은 문장에서조차도 봉건관리들이 백성들에게 가하는 죄상을 거침없이 질책하면서, 백성을 위해 일해야 한다는 기본적인 책임도 다하지 않은 채 오히려 백성의 삶을 유린시키는 도적이 되고 있다고 지적하고 있다. 이러한 작품 속에는 봉건사회의 암흑에 대항하고자 하는 작가의 '마음속 불평'이 충분히 표현되어 있다.

이로 미루어보건대, '불평즉명' 이론을 당대 고문운동의 중심 이론이라고 보아도 무방하리라 여겨진다. 또한 문학사적 관점에서 볼 때, 이 이론은 단지 개인의 불행으로부터 나왔을 뿐인 사마천의 '격분하여 일어나 저서를 남기다(發憤著書)' 이론을 제고시켰으며, 여기서 한층 더 나아간 송대 구양수(歐陽修)의 '곤궁해진 이후라야 공교로워진다(窮而後工)' 이론을 이끌어냈다는 의의를 지닌다. 그러니 이 이론이 후대의 창작에 일정한 영향을 미쳤음은47) 부인할 수 없는 사실일 것이다.

그러나 '불평즉명'이 비록 '발분저서'에 비해서는 한 걸음 더 나아간 이론이라 하여도, 이른바 '불평'이라는 것은 기본적으로 개인적인 슬픔과 실의에서 벗어나지 못하고 있을 뿐 아니라, 개인의 불평과 시대와의 관계, 개인의 불평과 백성과의 관계를 명확히 설명하지 못하고 있기 때문에 자각을 가지고 작가들에게 현실을 비판하고 현실을 폭로할 것을 가르치지는 못하였다.

---

47) 【원주】 예를 들면 명나라 때 호시(胡侍) 같은 사람은 『진주선(眞珠船)』이란 책에서, 원나라 관한경(關漢卿)·마치원(馬致遠)·궁대용(宮大用)·정덕휘(鄭德輝)·장소산(張小山) 등 몇 몇 위대한 희곡작가들도 "쓸만한 재주를 지니고도 노래 따위의 말단에 그 재주를 맡겨 답답하고 비분에 찬 심정을 풀어야 했으니, 이른바 마음의 평정을 얻지 못해 소리 내 울었다는 자가 아닌가(以有用之才, 而一寓之乎聲歌之末, 以舒其怫鬱感慨之懷, 蓋所謂不得其平而鳴焉者也!)"라고 하였다. 호시와 같은 이러한 관점을 피력한 예는 문학사에서 쉽게 발견할 수 있다.

3. 당대(唐代) 고문운동의 주요 내용과 목표

(5) 신(新) 고문창작의 구체적 표준

당대 고문운동이 문체(文體)에서 경쟁해야할 대상은 의심할 여지없이 우선 "붓을 들자 이내 부끄러워지는" "세속적인 글"48), "문채(文彩)를 풍부하게 하는 데만 힘을 쏟고 사실 따위는 아랑곳하지 않아" "뭔지도 모르고 내보였다가 낭패 보는 일이 많게"49) 만드는 그런 글이었다. 당연히 당시 유행하던 변문을 두고 한 소리이다. 그러나 그 전의 고문은 변문 말류에 대항하기에 적합하지 않았다. 이전의 고문은 의사 전달 능력이 비교적 떨어지는 탓에 이미 앞서 나가있던 대중의 입맛에 맞지 않았던 것이다. 따라서 이전 고문의 기초 위에 더 발전되고 더 창조적이며 의사전달 능력이 강화된 그런 신형(新型) 고문을 창조해내야만 했다. 한유는 「유정부에게 주는 답장(答劉正夫書)」에서 이와 비슷한 의견을 피력했다.

> 혹자가 "글을 지으려면 누구를 본받아야 합니까?"라고 물어오면, 나는 늘 근엄하게 "옛날의 성현을 본받아야지요"라고 대답합니다. "옛 성현들의 책이 모두 남아있긴 하지만, 글마다 각기 다 다른데, 어떤 것을 본받아야 합니까?" 하면, 나는 늘 근엄하게 "그 뜻을 본받아야지, 그 글을 본받아서는 안 됩니다"라고 대답합니다. 혹자가 "글이란 쉬워야 합니까, 어려워야 합니까?"라고 물어오면, 나는 또 근엄하게 "쉽고 어렵고가 어디 있겠습니다. 그저 적합하면 그만입니다"라고 대답합니다.
> 或問: "爲文宜何師?" 必謹對曰: "宜師古聖賢人." 曰: "古聖賢人所爲書具存, 辭皆不同, 宜何師?" 必謹對曰: "師其意, 不師其辭." 或問曰:

---

48) 여기 인용된 두 구절은 한유의 「문장에 대해 논하면서 풍숙에게 주는 편지(與馮宿論文書)」에 나온다. 원문은 "俗下文字"이다.
49) 여기 인용된 두 구절은 유종원의 「비국어를 논하여 오무릉에게 주는 답장(答吳武陵論非國語書)」에 나온다. 원문은 각각 "務富文采, 不顧事實", "不明而出之, 則顚者衆矣"이다.

唐宋古文運動

    "文宜易宜難?" 必謹對曰: "無難易. 唯其是爾."

    여기서 한유는 두 가지 관점을 설명하고 있다. 첫째, 고인의 문장은 반드시 배우고 계승해야 하지만, "그 뜻을 본받아야지, 그 글을 본받아서는 안 되며", 표현 방법은 반드시 스스로 창조해야만 한다는 점, 둘째, 문장에 쉽고 난해하고의 차이가 있으나, 쉽건 어렵건 다 상관없으니 "그저 적합하면 그만"이라는 점이 그것이다.50) 문장의 난이(難易) 문제에 대해 확실한 결론을 내리고 있지는 않지만, 사실상 그의 절대다수의 작품이야 말로 그가 쉽고 매끄러운 방법을 택했음을 입증하는 좋은 증거이다. 그의 이론 주장이나 창작 실천 모두 문장이 반드시 쉬운 방향으로 나아가야 한다는 그의 입장을 설명하고 있다.51) 한유의 문하생 황보식(皇甫湜)이 한유 문장의 장점을 평하면서 특별히 "장(章)이 온당하고 구(句)가 적합하다"52)고 한 것도 바로 이것 때문이다. 유종원도 비슷한 주장을 하였다. 그는 "붓을 잡고 글을 쓰다보면 생각이 줄줄이 쏟아져 나온

---

50) 【원주】 "적합하면 그만(唯其是爾)"에서 '적합(是)'이라는 말은 청나라 유희재(劉熙載)가 『예개(藝槪)』에서 한 해석에 따르면, "내 생각에 '시' 자에는 두 가지 주석이 가능할 것 같다. 하나는 정당성이요, 하나는 진정성이다(余謂'是'字註脚有二: 曰正, 曰眞)." 이는 정확한 해석이다. 정당성이란 문제를 두고 한 말이고, 진정성이란 내용을 두고 한 말이다. 이는 사실 '쉬움'에 대한 주석이기도 하다.

51) 【원주】 과거 대다수의 사람들은 한유의 문장이 '평이순통(平易順通)'한 경지에 이르렀으며 한유의 문학 주장 역시 이러한 방향을 요구하고 있다고 여겼다. 그러나 한유는 괴이하고 편벽하여서 도무지 읽히지 조차 않는 단 두 편의 문장만을 남긴 작가 번종사(樊宗師: 樊紹述)를 유난히 추숭하였다. 이것은 분명한 모순이어서 원만한 해결방안을 찾아내기가 여간 힘든 게 아니었다. 그러다 근래에 번종사가 지은 『세치묘지(浣治墓誌)』가 출토되었는데(1961년 『문물(文物)』 잡지 제 8期에 소개되어 있음), 문리가 평이하고 순통하다. 이는 번종사가 결코 괴이한 문장만을 지어온 작가가 아니었기 때문에 지금껏 그에 대한 평가가 완전하기 못했음을 증명함과 동시에, 한유의 그에 대한 높은 평가가 결코 그의 괴이한 문장만을 염두에 두고 한 것이 아니었음을 증명하고 있다. 이는 매우 명백한 사실이다.

52) 황보식의 『한문공 묘지명(韓文公墓誌銘)』에 나오는 말로, 원문은 "章妥句適"이다.

다. 생각이 바닥났거든 그만두면 될 터이니, 배우고 본받아야 할 것이 무엇 있겠는가?"53)라고 하였는데, 이 말은 한유가 말 한 "그 뜻을 본받아야지, 그 글을 본받아서는 안 된다", "쉽고 어렵고가 어디 있겠는가, 그저 적합하면 그만이다"는 주장의 보충설명이라 할 수 있다. 즉, 창작은 작가의 의사를 표현하는 것이 가장 중요하니, 의사가 충분히 전달되었으면 문장으로서의 임무는 이미 완수한 셈, 더 이상 다른 것에 의지하거나 모방할 필요는 없다는 것이다. "생각이 줄줄이 쏟아진다"는 말에는 지나치게 심오한 도리를 찾을 필요 없다는 뜻이 내포되어 있다. 이러한 주장은 「글 짓는 법에 대해 논하여 수재 최암에게 드리는 답장(報崔黯秀才論爲文書)」에 보다 자세히 설명되어 있는데, 유종원은 당시의 문장을 "문사를 귀히 여기고 글에 긍지를 지니고 있어, 치장하는 것을 공교하다 여기고 조밀한 것을 능력이라 여기니, 이 또한 외양 아니겠는가!"54)라고 지적하였다. 「사도를 논하여 위중립에게 주는 답장(答韋中立論師道書)」에서도 문장에 대해 "구차하게 겉만 휘하고 화려한 색채에나 힘쓰며 성음의 조화 따위나 자랑하면서 이를 능력이라 여기지 말 것"55)을 당부하고 있다. 이러한 견해는 한유의 주장과 일치하는 것이니, 서로 호응관계에 있다 하겠다.

　이상은 문장에 대한 일반적 요구에 지나지 않는다. 그렇다면 구체적인 기준에는 어떠한 것이 있는가? 첫째는 "오직 진부한 말을 없애기 위해 힘을 써"56) 각종 신선한 표현, 시대와 군중의 수요에 맞는 단어를 창조해 내라는 것이다. 둘째는 거기서 더 나아가 "문장이 잘 읽히고 글자도 매끄러워 각자 맡은 바를

---

53) 유종원의 「두온부에게 주는 답장(覆杜溫夫書)」에 나오는 말로, 원문은 "引筆行墨, 快意累累. 意盡便止, 亦何所師法?"이다.
54) 원문은 "因貴辭而矜書, 粉澤以爲工, 遒密以爲能, 不亦外乎!"이다.
55) 원문은 "是固不苟爲炳炳烺烺, 務彩色, 誇聲音, 而以爲能也"이다.
56) 한유의 「이익에게 주는 답장(答李翊書)」에 나오는 말로, 원문은 "唯陳言之務去"이다.

잘 아는"57) 경지까지 도달해야 한다는 것이다. 즉 작가에게 쉽고 매끄럽게 문장을 써서 어법 규율의 자연성과 정확성을 잘 지키도록 요구하고 있는 것이다. 기준은 두 가지이지만 목적은 하나이다. 문장의 내용을 호소력 있게 전달하기 위해이다. 즉 이른바 "상황에 맞게 글을 쓰고" "상황과 글이 서로 어울리게"58) 하며, "문장과 단어"가 "상황과 잘 어우러지게"59) 하기 위해서이다. 간단히 말하면, 형식과 내용은 서로 통일되어야 하며, 형식은 반드시 내용을 좇을 필요가 있다는 것이다.

이것이 바로 당대 고문운동가들이 제창한 이른바 진보한 형식의 신체고문(新體古文)이다.

문학 기교의 작용을 강조하는 것은 고문운동에 있어 중요한 의의를 지닌다. 어떠한 종류의 문학작품을 불문하고 사상성과 예술성은 혹 하나라도 결여되어서는 안 된다. 고문이 반대했던 변문은 상당한 예술 기교를 지니고 있다. 따라서 신체고문이 만일 이 점을 간과한다면 변문을 쓰러뜨리지 못할 것이다. 한유와 유종원 이전의 고문운동 준비단계만 보아도 알 수 있듯이 말이다. 진보적인 문학사상은 반드시 완벽한 문학기교로 표출되어야만 한다. 이는 그 어느 시대를 막론하고 모든 문학운동이 성공을 거두는 데 있어 관건적 요소였다. 당대고문운동 또한 예외는 아니었다. 그러니 당대고문운동이 문학기교를 강조하였던 것은 시대에 걸맞은 적합한 방법이었던 것이다.

---

57) 한유의 「남양 번소술 묘지명(南陽樊紹述墓誌銘)」에 나오는 말로, 원문은 "文從字順各識職"이다.
58) 이 두 인용문은 「평회서비문을 지어 올리면서 쓴 표문(進撰平淮西碑文表)」에서 따온 것으로 원문은 각각 "因事陳辭", "辭事相稱"이다.
59) 이 두 인용문은 「양양 우상공께 바치는 편지(上襄陽于相公書)」에서 따온 것으로, 원문은 각각 "文章言語", "與事相侔"이다.

3. 당대(唐代) 고문운동의 주요 내용과 목표

그러나 한 가지 지적할 것이 있다. 고문운동이 신체 고문을 창조하기 위해 반드시 필요한 주장과 기준을 제시할 당시, 한유에게도 좀 심했던 부분이 있었다. 예를 들면, 한유는 문장의 독립성과 창조성을 강조하면서 인습과 모방을 힘껏 배척했다. 그는 "옛날 사람들은 글을 반드시 스스로 지었다. 후대로 내려오면서 그렇게 할 수 없자 표절을 하였다"60)고 하였는데, 이 말은 맞는 말이다. 그러나 그는 더 나아가 "반드시 자기가 지어야지 전대 사람이 했던 단 한 마디 단 한 구절도 따라 해서는 안 된다"61)고까지 요구했는데, 이는 새로운 어휘의 창조와 전통문화유산의 계승을 대립시키는 행위이니, 이러한 주장은 필요치도 않거니와 실상 가능하지도 않다. 후세 사람이 이른바 "천하에 새로운 말이 어디 그렇게 많겠는가?"62)라는 말처럼, 혼자서 무슨 수로 그렇게 많은 새로운 어휘를 창조해낼 수 있단 말인가? 게다가 한유와 유종원 자신의 창작경험을 통해, 그들이 이룩한 걸출한 성취는 전대의 문학기교와 문학언어의 정화를 계승, 흡수한 것과 불가분의 관계가 있음을 잘 알 수 있다.63) 한유의 입장에서

---

60) 한유의 「남양 번소술 묘지명(南陽樊紹述墓誌銘)」에 나오는 말로, 원문은 "唯古於詞必己出, 降而不能乃剽賊"이다.
61) 위와 같은 작품에서 인용했으며, 원문은 "必出於己, 不襲蹈前人一言一句"이다.
62) 금(金)나라 왕약허(王若虛)가 「문변(文辨)」에서 한 말로, 원문은 "天下安得許多新語邪?"이다.
63) 【원주】예를 들어 한유 스스로도 이렇게 말한 적이 있다. "짙은 향기 속에 깊이 잠기게시면서 꽃 봉우리를 머금고 꽃잎을 씹고 계시니, 지으신 문장이 집에 가득 책으로 쌓여있습니다. 위로는 순임금・우임금1)을 본받아 가를 볼 수 없을 만큼 내용이 드넓습니다. [『상서(尙書)』중] 주(周)의 「대고(大誥)」와 은(殷)의 「반경(盤庚)」은 문장이 난삽하여 읽기 어렵고, 『춘추(春秋)』는 필법이 근엄하며, 『좌전(左傳)』은 과장이 심합니다. 『주역(周易)』은 기이하면서도 법도 있고, 『시경(詩經)』은 곧으면서도 화려합니다. 아래로는 『장자(莊子)』와 「이소(離騷)」에까지 미쳤는데, 태사공의 기록과 양자운(揚子雲)・사마상여(司馬相如)의 글 등도 모두 훌륭한 점은 같으나 서로 맛이 다른 그런 묘미가 있습니다. 그러니 선생의 문장은 가히 내용은 넓고 문사는 호방하다 이를만합니다(沈浸醲郁, 含英咀華, 作爲文章, 其書滿家. 上規姚姒, 渾渾無涯, 周誥殷盤, 佶屈聱牙, 『春秋』謹嚴, 左氏浮誇. 『易』奇而法,

볼 때, 그가 "전대 사람이 했던 단 한 마디 단 한 구절도 따라 해서는 안 된다"는 식의 극단적 주장을 한 이유는 당시 유행하던 모방과 인습의 풍조를 고치기 위함이었다. 다만 도가 지나치면 폐단이 생겨나는 법, 고문운동에 참가했던 일부 청년 작가들은 억지로 새로운 것을 만들어 내고, 일반 대중과 동떨어진 협소한 길을 선택하기도 하였는데, 이로 인해 고문운동은 심각한 타격을 받기에 이르렀다.

(6) 청년 작가의 양성과 창작 경험의 전수

한유와 유종원은 열정적으로 청년 작가들을 양성하였다. 그들만의 창작 기법을 가르치고, 고진감래 끝에 터득한 귀하디 귀한 창작경험을 그들에게 전수해주었다.

한유는 세상 사람들의 비웃음 따위에 아랑곳하지 않고 청년 작가들의 스승을 자임하면서 저들을 가르치고 이끌어나갈 책임을 몸소 짊어지었다. 그래서인지 대중에게 끼친 영향 또한 지대했다. 유종원은 비교적 겸손한 태도로 임하여, 선생이라는 이름 갖기를 원치 않았다. 그런데다가 정치적 핍박을 받아 형상(衡湘) 일대에서 유배 생활을 하면서부터는 공개적으로 제자들을 모으지 않았다. 그러나 청년 작가들이 그에게 가르침을 청해오면 거절하는 법 없이 세심한 지도를 아끼지 않아서 그의 손으로 길러낸 인재가 적지 않았다.

한유와 유종원의 창조성과 문학기교는 오랜 세월의 노고 끝에 얻어낸 성과였다. 그들이 직접 터득한 경험을 청년 작가들에게 제공함으로써 청년 작가들

『詩』正而葩. 下逮莊騷, 太史所錄, 子雲·相如同工異曲, 先生之於文, 可謂閎其中而肆其外矣.)" 한유의 문학적 성취는 바로 제자백가의 묘미를 한데 잘 섞은 데서 비롯한 결과임을 알 수 있다.

3. 당대(唐代) 고문운동의 주요 내용과 목표

은 먼 길을 돌아가지 않아도 되었으며, 고문의 영향력도 점점 더 확대되어갔다.

한유는 "입으로는 육경을 끊임없이 외고, 손으로는 제자백가의 책을 쉴 새 없이 뒤적였다."[64] 배우려는 의지가 매우 강했음을 알 수 있다. 그는 문학의 최고봉에 오르기 이전에 어려운 수련 과정을 거쳤다. 「이익에게 주는 답장(答李翊書)」에서 그는 스스로 이렇게 말하고 있다.

> 나의 글이 스스로 옛날 입언(立言)했던 사람의 수준에 미치는지 모르겠다는 점이오. 비록 그렇기는 하지만, 내 글쓰기를 배워온 지 이십여 년이오. 처음에는 삼대(三代)와 양한(兩漢)의 책이 아니면 감히 보지 않았고, 성인의 뜻이 아니면 감히 간직하지 않았소. 집안에 있을 때는 마치 무엇인가 잊은 듯, 길을 다닐 때는 마치 뭔가 빼놓은 듯, 무슨 생각이라도 하는 양 엄숙히 지냈고, 무언가에 정신이 나간 양 망연자실 지냈소. 그러다 마음속에 있는 것을 꺼내 손으로 적어 내려갈 때는 진부한 말을 힘써 없앴소. 아, 참으로 어렵기도 했다오! 그 글을 남에게 보여줄 때는 비웃음이 비웃음인지도 몰랐소. 이렇게 또 몇 년을 보내면서도 바꾸지 않았소. 그러자 옛 책에서 무엇이 옳고 무엇이 그른지, 또 비록 옳아 보이지만 지극함에 이르지는 못한 것은 무엇인지, 그 흑백이 훤히 드러나기에 이르렀소. 그러한 것들을 힘써 제거하였더니 천천히 소득이 생겼소. 마음속에 있는 것을 꺼내어 손으로 써내려가 보니 줄줄이 글이 나오더이다. 남에게 보여주었을 때 남이 비웃으면 나는 기뻤고, 칭찬하면 근심하였소. 그러나 이 또한 그때까지 남의 말을 염두에 두고 있기 때문이었소. 이렇게 또 몇 년을 보내자 호방하게 콸콸 글이 쏟아져 나왔소. 나는 또 너무 번잡할까 두려워서, 터져 나오는 글들을 막고 평정심으로 살펴보아 모두 잡티 없이 순수해졌을 때 비로소 한껏 써내려갔소. 아무리 그렇다 해도 수양하지 않을 수 없으니, 인의의 거리를 걷고 시서(詩書)의 근원에서 헤엄치며, 이 목숨 다할 때까지 그 길을 잃지 않고 그 근원을 끊지 않으면

---

64) 한유의 「진학해(進學解)」에 나오는 구절이다. 원문은 "口不絶吟於六藝之文, 手不停披於百家之編"이다.

唐宋古文運動

그뿐일 것이오.
　愈之所爲, 不自知其至猶未也. 雖然, 學之二十餘年矣. 始者, 非三代兩漢之書不敢觀, 非聖人之志不敢存, 處若忘, 行若遺, 儼乎其若思, 茫乎其若迷. 當其取於心而注於手也, 惟陳言之務去, 戛戛乎其難哉! 其觀於人, 不知其非笑之爲非笑也. 如是者亦有年, 猶不改, 然後識古書之正僞, 與雖正而不至焉者, 昭昭然白黑分矣, 而務去之, 乃徐有得也. 當其取於心而注於手也, 汩汩然來矣. 其觀於人也, 笑之則以爲喜, 譽之則以爲憂, 以其猶有人之說者存也. 如是者亦有年, 然後浩乎其沛然矣. 吾又懼其雜也, 迎而距之, 平心而察之, 其皆醇也, 然後肆焉. 雖然, 不可以不養也. 行之乎仁義之途, 游之乎詩書之源, 無迷其途, 無絶其源, 終吾身而已矣.

이 단락은 한유가 장기간 직접 경험했던 세 단계 학습과정을 체계적으로 총괄하고 있다. 처음 시작은 탐색과 추고이다. 뭔가 얻은 것도 같고 뭔가 잃은 것도 같아 "참으로 어렵기도 하다." 이어서는 대문 안으로 진입하여 옳고 그름과 흑백을 구분하는 단계이다. 이 단계에서는 구체적 실천을 통해 "줄줄 글이 나오게 된다." 이렇게 하면 마지막에 가서 길도 잃지 않고, 근원도 끊이지 않는 독립적 창조의 단계에 이르게 되어 "호방하게 글이 콸콸 쏟아져 나오게 된다." 이것은 20여 년 간의 노고가 쌓인 결과이다. 끊임없이 채우고 높여나갔던 창작의 경험은 청년 작가들이 귀하게 여겨야만 하는 것이다. 문학을 포함하여 지식의 최고봉에 오르기 위해서는 굳은 결심과 많은 노력이 없어서는 안 된다. 역사상 위대한 업적을 남겼던 위인들은 모두 전심전력으로 오랜 기간 노력의 대가를 지불하여 그러한 성취를 이루었다. 한유는 「상인 고한을 보내는 글(送高閑上人序)」에서 이 점을 지적하고 있다.

　요(堯)・순(舜)・우(禹)・탕(湯)임금이 천하를 다스린 것과 양숙(養叔)

3. 당대(唐代) 고문운동의 주요 내용과 목표

이 활쏘기를 한 것,[65] 포정(庖丁)이 소를 잡은 것[66]과 사광(師曠)이 음률을 정한 것[67]과 편작(扁鵲)이 병을 고친 것,[68] 웅의료(熊宜僚)의 탄환,[69] 혁추(奕秋)의 바둑,[70] 백륜(伯倫)의 술,[71] 이들은 모두 종신토록 그 일을 즐거워하며 염증내지 않았으니, 외물을 부러워할 겨를이 어디 있었겠는가! 외물을 부러워하여 직업을 바꾸는 자는 모두 당(堂)에 오르지 못하고 고기 맛을 보지 못한 사람들이다.[72]

　堯・舜・禹・湯治天下, 養叔治射, 庖丁治牛, 師曠治音聲, 扁鵲治病, 僚之於丸, 秋之於奕, 伯倫之於酒, 樂之終身不厭, 奚暇外慕! 夫外慕徙業者, 皆不造其堂不嚌其胾者也.

---

65) 양유기(養由基). 춘추시대 초(楚)나라 사람. 활을 잘 쏘아 백 보 밖에서 버들잎을 쏘아 맞추었고, 한 발 쏘면 일곱 겹 갑옷을 뚫었다 한다. 『좌전(左傳)』「성공(成公)16년」에 보인다.
66) 『장자(莊子)』「양생주(養生主)」에 나오는 '포정해우(庖丁解牛)' 고사이다. 포정은 소 잡는 기술이 뛰어나서 칼 한 자루로 19년간 소를 잡았으나 뼈나 힘줄을 건드리는 법이 없어 칼이 막 주조해낸 것과 다름없었다 한다.
67) 사광은 춘추시대 진(晉)나라 사람. 사(師)는 악사라는 뜻이고 광(曠)이 그 이름이다. 『회남자(淮南子)』「남명훈(覽冥訓)」에 "악사 광이 「백설」의 음악을 연주하자 신이 이로 인해 강림하셨다(師曠奏「白雪」之音, 而神物爲之下降)"라는 구절이 나온다.
68) 편작은 춘추시대 막(鄭) 땅 사람. 의술에 뛰어나 사람의 오장을 들여다볼 줄 알았다고 한다. 『사기(史記)』에 「편작창공열전(扁鵲倉公列傳)」이 있다.
69) 춘추시대 초(楚)나라 용사이다. 그는 떨어뜨리지 않고 연속으로 하늘에 여러 개 탄환을 던지는 데 능했다고 한다. 『장자』「서무귀(徐無鬼)」에 나오는 인물이다.
70) 『맹자(孟子)』「고자상(告子上)」에 나오는 인물로 그 나라에서 가장 바둑을 잘 두는 사람이었다고 한다.
71) 백륜은 육조(六朝) 진(晉)나라 유령(劉伶)의 자이다. 그는 술을 무척 좋아했으며, 「주덕송(酒德頌)」이라는 작품까지 남겼다.
72) 당에 오르지 못하다는 것은 조예가 깊지 못함을 뜻한다. 『논어(論語)』「선진(先進)」에, "공자께서 말씀하시길, 유는 당에는 올랐으나 아직 방에는 들어오지 못하였다(子曰, 由也升堂矣, 未入於室也)"고 하였는데, 후에 '당에 오르다'와 '방에 들다'는 학문에 조예가 깊은 것을 뜻하는 말로 사용하게 되었다. 고기 맛을 보지 못했다는 말은 『예기(禮記)』「곡례상(曲禮上)」에 나온다. "세 번 밥을 먹은 후 주인은 손님을 인도하여 고기를 먹는다. 고기를 먹은 연후라야 모든 반찬을 다 먹게 된다(三飯, 主人延客食胾, 然後辯殽)." 이는 곧 깊이 있게 들어가 보지 못했음을 비유한다.

唐宋古文運動

여기에 인용된 위대한 정치가·음악가·의사·기술자 등의 예에서, 자신의 전문분야를 대할 때 반드시 "종신토록 그 일을 즐거워하며 염증내지 않아야" 하며, 걸핏하면 "외물을 부러워하여 직업을 바꾸지" 않아야만 뛰어난 업적을 이룰 수 있음을 알 수 있다. 문학이나 문학적 기교 또한 예외일 수 없다.

유종원도 창작을 통해 얻은 경험과 느낌을 사람들에게 제공하고 있다. 「위중립에게 주는 답장(答韋中立書)」에서 '도(道)'에 관한 화두로 자신의 '문이명도(文以明道)' 주장을 밝히고 있는 것 외에도 '문(文)'에 관한 화두로 자신의 창작 경험을 구체적으로 설명하고 있다.

> 나는 매번 글을 지을 적에 한 번도 경솔히 임한 적이 없는데, 이는 너무 빠르게 치달리다 붙잡지 못할까 두려워서였소. 한 번도 태만한 마음으로 얕잡아 본 적이 없는데, 이는 너무 느슨해져 엄숙하지 못할까 두려워서였소. 한 번도 어두운 정신으로 쓴 적이 없는데, 이는 모호함 속에 묻혀버려 잡다해질까 두려워서였소. 한 번도 우쭐대며 지어본 적이 없는데, 이는 오만하게 굴다가 교만으로 흘러갈까 두려워서였소. 심오해지기를 바랄 때는 기운을 억눌렀고, 명확해지기를 바랄 때는 치켜 올렸으며, 두루 통하기를 바랄 때는 터놓았고 절제된 맛을 원할 때는 말을 아꼈소. 맑아지기를 원할 때는 격발하여 터뜨렸고 무거워지기를 원할 때는 단단히 가둔 채 보존해두었소. 이것이 바로 내가 도(道)를 옆에서 도와온 방법이오. 『상서(尙書)』에 바탕을 두어 질박함을 추구하였고, 『시경(詩經)』에 바탕을 두어 항심(恒心)을 추구하였으며, 『예기(禮記)』에 바탕을 두어 마땅함을, 『춘추(春秋)』에 바탕을 두어 결단력을, 『주역(周易)』에 바탕을 두어 변화를 추구하였소. 이것이 바로 내가 도를 취해온 근원이오. 『곡량전(穀梁傳)』을 참고하여 기운을 드높였고, 『맹자(孟子)』와 『순자(荀子)』를 참고하여 가지를 무성하게 하였으며, 『장자(莊子)』와 『노자(老子)』를 참고하여 말단이 거침없이 되도록 하였고, 『국어(國語)』를 참고하여 맛이 넓어지게 하였소. 「이소(離騷)」를 참고하여 그윽한 곳에 이르게 하였고, 『사기(史記)』를 참고하여 결백함이 드러날 수 있게 하였소. 이것이 바로 내가 옆으로 널리 미루어가며 서로 교통하여서 문장을 지어온

3. 당대(唐代) 고문운동의 주요 내용과 목표

방법이오.

　故吾每爲文章, 未嘗敢以輕心掉之, 懼其剽而不留也. 未嘗敢以怠心易之, 懼其弛而不嚴也. 未嘗敢以昏氣出之, 懼其昧沒而雜也. 未嘗敢以矜氣作之, 懼其偃蹇而驕也. 抑之欲其奧, 揚之欲其明, 疏之欲其通, 廉之欲其節. 激而發之欲其淸, 固而存之欲其重. 此吾所以羽翼夫道也. 本之『書』以求其質, 本之『詩』以求其恒, 本之『禮』以求其宜, 本之『春秋』以求其斷, 本之『易』以求其動. 此吾所以取道之原也. 參之『穀梁氏』以厲其氣, 參之『孟』・『荀』以暢其支, 參之『莊』・『老』以肆其端, 參之『國語』以博其趣, 參之「離騷」以致其幽, 參之太史以著其潔. 此吾所以旁推交通而以爲之文也.

　이 문단에서 유종원은 우선 작문이 얼마나 엄숙한 작업인지를 설명하면서 작가에서 단정한 태도를 지닐 것을 요구함과 동시에 조금의 '방심'도, '태만'도, '혼미'함도, '자긍'도 허락하지 않았다. 그런 다음 작품은 반드시 '심오하고', '명확하고', '두루 통하고', '절제되고', '맑고', '무게 있는' 경지에 이르러야 한다고 주장하였다. 이 여섯 가지 측면은 서로 모순되면서도 상호보완 관계에 있다. 이 복잡하게 얽힌 문제를 제대로 처리하기 위해서는 엄숙한 태도를 지니지 않을 수 없다'는 것이다. 그런 다음 『상서』와 『시경』 등의 경전을 바탕으로 삼아 '질박함'・'항심'・'마땅함'・'결단력'・'변화'를 추구하는 힘을 배양하고, 『맹자』와 『순자』, 「이소」와 『사기』 등 저서의 정화를 계승, 흡수하여 '무성하고', '거침없고', '넓고', '그윽하고', '정결하게' 되기를 추구했다. 창작의 준비과정이 얼마큼 깊고 두터웠는지, 창작을 위해 얼마큼 어마어마하고 힘겨운 노력을 했는지 가히 짐작할 만하다. 결코 타고난 총명함과 뛰어난 구상력에만 의지해 단번에 성공을 할 수 있었던 것은 아니었다.

　한유와 유종원은 전심을 다해 후속세대 작가들을 키워냄으로써 당대 고문운동이 집단적 성격의 '운동'이 될 수 있도록 하였다. 이것은 고문운동이 성공

唐宋古文運動

을 거둔 이유 중의 하나이기도 했다. 그들이 제공한 창작 경험과 뼈를 깎는 노력의 정신은 오늘날 보아도 귀감이 될 만하다.

4. 한유·유종원 고문의 뛰어난 성과

한유는 300여 편의 고문을 남겼고, 유종원은 400여 편의 고문을 남겼다. 이 800편 가량의 고문 작품은 당대 고문운동이 성공할 수 있도록 이끌어준 빛나는 기치였으며, 또한 중국 문학유산 중에 보배로이 여겨야할 보물이다.

중국의 고대산문은 기본적으로 세 단계의 발전과정을 거쳤다. 첫째는 선진(先秦) 제자백가 단계였다. 바야흐로 백가쟁명(百家爭鳴)의 시대를 맞아 산문의 풍격 또한 백 가지로 피어나 각각 이채를 띠었다. 예를 들어 맹자는 웅장하고 혼후하였으며, 장자는 기이하고 거침없었다. 순자는 조심스럽고 세심하였으며, 한비자는 심오하고 가팔랐다. 이러한 풍격들은 각각 후대 산문을 위해 하나의 중요한 문호를 개척하였다. 두 번째는 양한(兩漢) 시기의 사전(史傳) 문학 단계이다. 사마천(司馬遷)의 『사기(史記)』와 반고(班固)의 『한서(漢書)』는 기전체(紀傳體) 문학을 수립하는 데 있어 불후의 모범이 되었다. 이들은 인물의 형상이라든가 인물의 활동 배경 묘사에 있어 놀라운 만한 성취를 얻었다. 세 번째는 당대 고문운동을 이끌었던 한유와 유종원 단계이다. 한유·유종원은 앞선 두 단계의 기초 위에서 한 걸음 더 나아가 산문을 창조적으로 발전시켰다. 즉 의론(議論)과 서사(敍事)가 가능할 뿐 아니라 서정(抒情)과 사경(寫景)까지 가능케 했으니, 한유의 말을 빌리자면 "짙은 향기 속에 깊이 잠겨서 꽃 봉우리를 머금고 꽃잎을 씹는"73)다는 것이요, 유종원의 말을 빌리자면 "만물을 씻어내고, 천태만상을 아우른다"74)는 것이다. 이 둘의 노력을 통해 고대 산문은 새로운 단계에 진입할 수 있었다. 이 단계가 지난 후에 고대 산문은 대체적으로 정형화(定型化)되기 시작한다. 비록 송대나 명청대처럼 우뚝 빼어난 시기가 있긴 했지만, 발전해나가는 노선이 비교적 평탄했다. 이 때문에 한유와 유종원의 고문이 고대산문 발전사에 있어 더욱 중요한 단계가 되는 것이다.

한유와 유종원 산문작품의 가장 큰 특징으로는 사회적 내용이 풍부하다는 점과 예술적 기교가 상당히 성숙해있고 언어가 정제되어있다는 점을 들 수 있다. 이 둘의 풍격은 서로 다르다. 한유의 문장이 기세가 웅건하고 열정적이며 거침없는 반면, 유종원의 문장은 정밀하고 심오하며 함축적이다. 한유의 문장 기교에 대한 장악과 운용은 남들이 따라가기 힘들 정도이다. 유종원의 문장은 사상성이 농후하고, 강한 진보적 성향을 띠고 있다. 이 둘의 작품에도 물론 수준이 떨어지는 부분이 존재한다. 따라서 이를 잘 판별하고 비판하여 그들의 한계와 낙후된 부분이 무엇인지를 파악할 필요가 있다.

(1) 한유 고문에 관한 간략한 소개

한유의 제자 이한(李漢)이 편찬한 문집 체례(體例)에 따르면, 한유의 고문은 크게 잡저(雜著)・서신(書信)・서문(序文), 그리고 비지(碑誌) 네 부류로

---

73) 한유의 「진학해(進學解)」에 나오는 구절. 원문은 "沈浸醲郁, 含英咀華"이다.
74) 유종원의 「우계시 서문(愚溪詩序)」에 나오는 구절. 원문은 "漱滌萬物, 牢籠百態"이다.

나눌 수 있다.

① **잡저(雜著)**: 이 부류에 속하는 작품들은 한유의 고문 중에 범위가 비교적 넓어서 정치논문·철학논문·독서찰기(讀書札記)·전기(傳記)·제문(祭文)·잡다한 감상문·소품문(小品文) 및 응시를 위해 지은 시문(時文)이 있다.

여기에 들어간 작품 중에는 유명한 「오원(五原)」— 「도의 근원을 밝히다(原道)」·「성(性)의 근원을 밝히다(原性)」·「비방의 근원을 밝히다(原毀)」·「사람의 근원을 밝히다(原人)」·「귀신의 근원을 밝히다(原鬼)」가 있다. 「오원」에서 드러내고 있는 기본 사상은 정통 유가의 계급관념 및 유심주의 사상이다. 그러나 당시 정치와 사회에 대해 비판적 의견을 제시하고 있어서 줄곧 중시를 받아왔다. 게다가 이처럼 정치적 성향이 강한 작품에서도 한유는 고도의 문학적 기교를 발휘하여 문장 구성에 일정한 기복을 줌으로 해서 독자로 하여금 "산에 오르고 바다를 건너는"[75]듯한 기분을 느끼게 한다. 또한 "사람은 온전한 사람이 되게 하고, 책은 불태우며, 절은 민가로 만든다"[76]나 "한번은 사람들에게 시험 삼아, 아무개는 훌륭한 선비야, 아무개는 훌륭한 선비야라고 말해보았다 … 또 한번은 사람들에게 시험 삼아, 아무개는 훌륭한 선비가 못돼, 아무개는 훌륭한 선비가 못돼라고 말해보았다"[77]와 같이 형상적인 용어를 사용하고 있다. 이러한 것들은 모두 정련된 언어와 생동적 묘사의 진수를

---

75) 청나라 사람 이공(李塨)이 한 말로, 원문은 "登山涉海"이다.
76) 「도의 근원을 밝히다(原道)」에 나오는 구절. 원문은 "人其人, 火其書, 廬其居"이다.
77) 「비방의 근원을 밝히다(原毀)」에 나오는 구절. 원문은 "嘗試語於衆曰: 某良士, 某良士…又嘗語於衆曰: 某非良士, 某非良士"이다.

보여준다.

「사설(師說)」 또한 매우 유명한 문장이다. 이 글에서는 "귀천과 노소를 불문하고 도가 있는 곳이 곧 스승이 있는 곳이다", "무당이나 의사나 악공(樂公)이나 장인(匠人)들은 서로 배우는 것을 부끄러워하지 않는다", "성인에게는 정해진 스승이 없다", "제자라고 해서 스승만 못하라는 법 없고, 스승이라고 해서 제자보다 현명하다는 법 없다. 도를 깨우치는 데 선후가 있을 뿐이고, 학업에 전공이 있을 따름이다"[78]와 같은 이치를 이끌어내고 있다. 여기서는 스승의 중대한 책임을 제시함과 동시에, 당시 사회에 만연해있던 "사대부들이 서로 배우는 것을 부끄러워하는" 풍토를 정곡으로 찌르며 비평을 가하고 있다. 「진학해(進學解)」는 「사설」의 속편이라고도 할 수 있는데, "늘 꼿꼿한 자세로 한 해를 보내며"[79] 선생 노릇하는 사람 — 즉 한유 자신의 근면과 고난을 묘사하고 있다. 「궁귀를 보내는 글(送窮文)」은 세상에 분노하고 속세를 증오하여 지은 작품으로, 다섯 명의 궁귀(窮鬼)가 주인에게 퍼붓는 조소와 모욕을 통해 세속의 향한 견책을 강렬하게 표출해내고 있다. 이 두 편의 문장은 개괄적 성격이 강한 용어들을 창조해내었는데, 예를 들면, "학업은 근면한 데서 정교해지고 희희낙락 노니는 데서 황폐해진다. 행실은 사고하는 데서 완성되고 아무렇게나 하는 데서 망가진다", "[인재를] 널리 포섭하고 샅샅이 뒤져내어, 때를 벗겨내고 광을 내주고 있다", "그런데도 더 많은 것을 습득하시고자 힘쓰셔서 큰 것이건 작은 것이건 버리지 않으시고", "아득히 단서가 끊어져버린 도통

---

[78] 원문은 각각 다음과 같다. "無貴無賤, 無長無少, 道之所存, 師之所存也." "巫醫樂師百工之人, 不恥相師." "聖人無常師." "弟子不必不如師, 師不必賢於弟子, 聞道有先後, 術業有專攻, 如是而已."
[79] 원문은 "兀兀以窮年"이다.

(道統)을 찾아 홀로 널리 뒤지고 먼 옛날을 계승하시며, 온갖 시내를 막아 동쪽으로 흘러가게 하시어 이미 거꾸로 흐르는 미친 물결을 돌려 놓으셨습니다", "머리칼이 온통 곤두서고", "나의 면목을 가증스럽게 만들고 말을 밋밋하게 만들며", "파리처럼 이리저리 붙좇고 개처럼 구차히 살아가야 하는데도", "작은 총명함이자 큰 어리석음이요"[80])과 같은 것이 바로 그 예이다. 이러한 용어들은 지금까지도 존재하면서 성어(成語)처럼 사용되고 있다.

② **전기**(傳記):「장중승전 후서(張中丞傳後敍)」는 선명한 색채로 영웅을 그려낸 그림이다. 한유는 수양(睢陽: 지금의 하남성 商邱 남쪽) 땅을 지켰던 영웅 장순(張巡)·뇌만춘(雷萬春)·남제운(南霽雲) 등의 성격을 슬프고도 감동적인 일련의 사건을 통해 묘사하고 있다. 예를 들어 남제운의 용맹과 충심을 이렇게 묘사하였다.

> 남제운(南霽雲)이 하란(賀蘭)에게 구원을 요청했더니 하란은 장순과 허원의 명성과 공적이 자기보다 높아지는 게 싫어서 구원병을 내보내려 하지 않았다. 게다가 남제운의 용맹함과 씩씩함이 마음에 들어, 남제운의 부탁은 들어주지도 않으면서 억지로 그를 잡아두었다. 음식을 차리고 악대를 진열시킨 다음 남제운을 맞이해 와 앉혔다. 그러자 남제운은 비분강개하며 "내가 이곳으로 올 때, 수양 사람들은 한 달도 넘게 굶주려있었다. 내 혼자 음식을 먹는 것은 차마 의리상 못할 짓이거니와, 먹는다 해도 목구멍으로 넘어가질 않는다"라고 말했다. 그러더니 차고 있던 칼을 꺼내 손가락 하나를 잘라 피가

---

80) 원문은 각각 "業精于勤, 荒于嬉. 行成于思, 毁于隨", "爬羅剔抉, 刮垢磨光", "貪多務得, 細大不捐", "補苴罅漏, 張皇幽眇, 尋墜緒之茫茫, 獨旁搜而遠紹, 障百川而東之, 迴狂瀾於旣倒"(이상「진학해」), "毛髮盡豎", "面目可憎, 語言無味", "蠅營狗苟", "小黠大癡"(이상「궁귀를 보내는 글(送窮文)」)이다.

줄줄 흐르는 손가락을 들어 하란에게 보여주었다. 자리에 있던 사람들은 모두 크게 놀라, 북받쳐오는 감정을 이기지 못하고 남제운을 위해 눈물을 흘렸다. 남제운은 하란에게 자기를 도와 구원병을 내보낼 의사가 끝내 없음을 알고 그길로 말을 달려 그곳을 떠났다. 성을 빠져나가려다가 화살을 뽑아 절에 있는 탑을 쏘았는데, 화살이 윗부분의 벽돌에 반이나 꽂혀 들어갔다. 그는, "내 돌아가 적을 무찌른 다음 하란을 죽이고야 말 것이다. 이 화살이 그 표시이다"라고 말했다. 나는 정원연간(貞元年間)에 사주(泗州)를 지날 일이 있었는데, 배 위의 사람들은 그때까지도 그 절을 가리키며 그 이야기를 하고 있었다. 성을 함락하고 난 뒤, 적들은 칼을 들이대고 장순에게 항복하라고 위협했는데, 장순이 굴복하지 않자 끌고 가 참수하려 하였다. 또 남제운에게도 항복하라 했으나 남제운도 응하지 않았다. 장순이 남제운을 부르며 말했다.

"남팔(南八), 남아대장부는 죽으면 죽었지 불의에 뜻을 굽혀서는 안 된다."

그러자 남제운이 웃으며 말했다.

"내 살아남아 장차 업적을 남겨보고자 하였으나, 공께서 기왕 그리 말씀하시니 제가 감히 죽지 않을 수 있겠습니까!"

그리고는 끝내 뜻을 굽히지 않았다.

南霽雲之乞救於賀蘭也, 賀蘭嫉巡·遠之聲威功績出己上, 不肯出師救. 愛霽雲之勇且壯, 不聽其語, 強留之. 具食與樂, 延霽雲坐. 霽雲慷慨語曰: "雲來時, 睢陽之人不食月餘日矣. 雲雖欲獨食, 義不忍. 雖食, 且不下咽." 因拔所佩刀, 斷一指, 血淋漓, 以示賀蘭. 一座大驚, 皆感激爲雲泣下. 雲知賀蘭終無爲雲出師意, 卽馳去. 將出城, 抽矢射佛寺浮圖, 矢著其上甎半箭. 曰: "吾歸破賊, 必滅賀蘭. 此矢所以志也." 愈貞元中過泗州, 船上人猶指以相語. 城陷, 賊以刃脅降巡, 巡不屈, 卽牽去, 將斬之. 又降霽雲, 雲未應. 巡呼雲曰: "南八, 男兒死耳, 不可爲不義屈." 雲笑曰: "欲將以有爲也, 公有言, 雲敢不死!" 卽不屈.

장순이 비분강개에 차서 목숨을 버리던 장면을 묘사한 부분도 기세가 하늘을 찌를 듯하다.

4. 한유·유종원 고문의 뛰어난 성과

    적들이 장순 등 수십 사람을 포박하여 꿇어앉히고는 죽이려고 하였다. 그때 장순이 일어나 몸을 돌리자 같이 잡힌 무리들은 장순이 일어난 것을 보고 혹 일어나기도 하고 혹 울기도 했다. 그러자 장순은 '너희들은 두려워 말라. 죽는 것은 운명일 뿐이다'라고 말했다. 사람들은 모두 눈물을 흘리며 차마 고개를 들고 보지 못했다. 장순은 처형당할 때에도 얼굴색하나 변하지 않고 평상시처럼 태연했다.
    賊縛巡等數十人坐, 且將戮. 巡起旋, 其衆見巡起, 或起或泣. 巡曰: "汝勿怖. 死, 命也." 衆泣不能仰視. 巡就戮時, 顏色不亂, 陽陽如平常.

  글자가 많지 않으나 장렬한 모습이 종이 위로 튀어 올라올 것만 같으니, 고문의 정련된 기법이 충분히 발휘되었다 할 수 있는 대목이다.
  「모영전(毛穎傳)」은 붓의 역사를 묘사한 글로, 전기적(傳奇的)·유희적 성격이 강한 작품이다. 이 글은 『사기』를 모방하면서도 색다른 국면을 열어 일찍이 유종원의 찬사를 얻기도 하였다. 「화기(畵記)」는 절묘한 소품문이다. 이 문장은 한 폭 그림에 등장하는 수십 명의 사람들, 수십 필의 말들, 수십 마리의 짐승들, 이백 여 건의 병기들과 수십 종의 동작들을 세밀하게 묘사하고 있지만, 글을 전부 다 해서 700자에 지나지 않는다. 이토록 짧은 문장 안에 그토록 많은 내용을 포괄할 수 있다니, 이는 마치 천재 화가가 작은 화폭 위에 만리 산하를 그려내는 것과도 마찬가지라 하겠다. 이야말로 고문에 있어 고도의 기교라 할 수 있다.
  「호인대(鄠人對)」·「휘변(諱辯)」·「쟁신론(爭臣論)」과 같은 작품은 당시 봉건사회의 현실에 대해 첨예한 비판을 가한 문장으로 사상성과 예술성 모두 높은 문장이다.
  제문 중에서 대표작이라 할 수 있는 것은 「십이랑에게 바치는 제문(祭十二郎文)」인데, 진지함이 가득하고 가까운 사람에 대한 사무치는 정이 문장에 넘쳐나, 읽는 이에게 무한한 감동을 준다. 이 글의 작법은 다른 문장과 달라서, 요동치는 감정의 기복 속에 중첩되는 자구를 다수 출현시켜 작가의 애통함과 자제할 수 없는 감정을 깊이 있게 드러낸다. "사실이란 말인가? 꿈이란 말인가? 잘못된 소문이었단 말인가? 사실이라 하여도…사실이라 믿을 수 없다. 꿈이라면, 잘못된 소문이었다면…"[81], "말에는 끝이 있다지만 나의 이 슬픔은 끝날 날이 없도다. 그대는 아는가? 모르는가?"[82] 한 편의 보통 제문이 천고에 길이 읽히는 명작이 된 것은 바로 구구절절 진실되고도 절실한 감정이 배어있기 때문이다.[83]

「악어에게 주는 제문(祭鱷魚文)」은 「십이랑에게 바치는 제문」과 전혀 다르지만, 또 다른 기묘함을 지니고 색다른 반향을 일으킨 작품이다. '제(祭)' 자는 '구(驅)' 자로 되어있기도 한데, 이는 이 글이 바로 부처 사리를 맞이해오는 일에 반대해 간언을 올렸다가 조주자사(潮州刺史)로 폄적되어 온 한유가 악어가 조주 백성들에게 해를 입히는 것을 보고 이를 토벌하기 위해 지은 격문(檄文)이기 때문이다. 악어란 무지한 동물에 지나지 않는데, 한유는 백성을 괴롭히는 악당으로 형상화시켜 대의(大義)를 깨우치게 하고 바다로 옮겨갈 기한을 정해준다. 그러면서 만일 반항할 시에는 누구인지 불문하고 "백성과 재물에

---

81) 원문은 "其信然耶? 其夢耶? 其傳之非其眞耶? 信也…未可以爲信也. 夢也, 傳之非其眞也"이다.
82) 원문은 "言有窮而情不可終. 汝其知也耶? 其不知也耶?"이다.
83) 【원주】한유의 고문이 비록 정련(精煉)되기로 유명하긴 하지만, 자구(字句)의 중복이나 감정의 반복적 호소를 배제하지는 않는다. 한유에게 있어서 이 두 가지는 통일된 것이기도 하고 밀접히 결합된 것이기도 하다. 그는 자신의 벗인 구양첨(歐陽詹)의 문장을 칭찬하면서, "문장이 깊이 있고, 반복하기를 좋아했으며, 자신을 드러내는 데도 능했다(切深, 喜往覆, 善自道)"라고 하였다.(「구양생 애사(歐陽生哀詞)」) 이것은 바로 한유 문장의 한 가지 특색이기도 하다.

4. 한유·유종원 고문의 뛰어난 성과

해를 입히는 자는 모두 죽여도 좋다"[84]고 선포하다. 흉악한 악어에게 대항해, "솜씨 좋은 서리나 백성을 뽑아 강한 활과 독화살을 가지고 가 악어와 상대하되 반드시 모조리 다 죽인 후라야 그만 둘 것이다. 후회하지 말라!"[85]고 하였으니, 백성을 위해 해악을 제거하겠다는 결심이 매우 강렬하다. 게다가 필세도 번개처럼 빨라 사람의 이목을 놀라게 한다. 이 또한 500자에 지나지 않는 짧은 문장인데, 층층이 꺾이어 첩첩 파란이 일어난다. 문사는 엄정하고 뜻은 곧지만 또한 완곡하여 사람의 정서에 호소할 수 있으니, 훌륭한 한 편의 우언(寓言)이라 이를 만하다.

잡저 중에도 볼품없는 작품이 있다. 예를 들어, 「흙손쟁이 왕승복전(圬者王承福傳)」은 지배계급 사상의 영향을 깊이 받은 흙손쟁이의 입을 빌어 "마음을 부리는 자는 남을 다스리고, 힘을 부리는 자는 남에게 다스림을 받는다"[86]와 같은 관념을 선양하고 있다. 또 「백이를 기리는 노래(伯夷頌)」에서는 정의의 투쟁을 반대한 도망자를 찬미하고 있다. 이밖에도 「고양이가 젖을 먹이다(猫相乳)」·「하중부 연리목을 기리는 노래(河中府連理木頌)」·「변주동서수문기(汴州東西水門記)」와 같은 작품들은 순전히 귀족들에 대한 가공송덕이요 아부의 문장이다. 이러한 작품들은 한유 사상의 낙후된 일면을 반영하고 있다.

③ **서신(書信)**: 고대 작가들은 서신을 매우 중시하여서, 그들의 문집 안에는 '서(書)' 항목이 반드시 존재한다. 작가 자신이나 그들의 문집을 편집한 사

---

84) 원문은 "爲民物害者, 皆可殺"이다.
85) 원문은 "選材技吏民, 操强弓毒矢, 以與鱷魚從事, 必盡殺乃止. 其無悔!"이다.
86) 원문은 "勞心者治人, 勞力者治於人"이다.

람들은 서신을 매우 중요한 저술의 하나로 여기면서 보존하고 수록하였다.

한유 서신의 주요 대상은 세 부류이다. 친구에게 쓴 서신, 청년 작가들에게 쓴 서신, 그리고 당시 실권자들에게 쓴 서신이 그것이다. 내용은 자신의 느낌을 드러내거나 학문을 토론하거나 청탁을 올리는 것이 대부분이다. 그러나 대상을 보아가면서 각각 적당한 형식으로 운영하고 있으며, 언어의 선택이나 조어(造語) 방식 등이 지극히 다채롭다.

친구에게 보낸 서신에는 깊은 우정이 넘쳐나는데, 종종 현실에 대한 불만으로 인해 생겨난 억울한 심정을 토로하기도 한다.「맹동야에게 드리는 편지(與孟東野書)」가 그 좋은 예이다.

> 족하(足下)와 이별한 지 오래입니다. 제가 족하를 이렇게 그리워하는 것을 보면 족하께서도 분명 저를 몹시 그리워하고 계실 겁니다. 그러나 각자 일에 얽매어 만나지를 못하는군요. 사람들과 어울리는 것이 족하와 함께 지내는 것만 못한데도 매일같이 저들을 보며 살아야 하니, 제 마음이 즐거운지 그렇지 못한지 족하께서는 아실 겁니다. 제가 말을 한들 누가 듣겠습니까! 제가 노래를 한들 누가 화답하겠습니까! 말해도 듣지 않고 노래해도 화답하지 않으며, 혼자 다녀도 짝해줄 이 없고 제 판단에 동의해줄 이 없으니, 제 마음이 즐거운지 그렇지 못한지 족하께서는 아실 겁니다. …… 강호에서 사는 것은 제가 본디 즐거워하는 바인데, 만일 족하와 함께 노년을 마칠 수 있다면 제겐 크나큰 행운이겠습니다.
>
> 與足下別久矣. 以吾心之思足下, 知足下懸懸於吾也. 各以事牽, 不可合幷. 其於人人, 非足下之爲見而日與之處, 足下知吾心樂否也. 吾言之而聽者誰歟! 吾唱之而和者誰歟! 言無聽也, 唱無和也, 獨行而無徒也, 是非無所與同也, 足下知吾心樂否也. …… 江湖, 余樂也, 與足下終, 幸矣.

한유가 토해낸 고독과 울분은 당시 뜻을 얻지 못한 중소 지주계급 지식분자

4. 한유·유종원 고문의 뛰어난 성과

들의 보편적 느낌이었다. 이밖에도 「최군에게 주는 편지(與崔群書)」에서처럼, 벗들에게 관심과 열정과 권면을 표하는 것은 한유 서신의 또 다른 주요한 내용이기도 하다.

청년 작가들에게 주는 편지에서는 문학에 관련한 문제를 토론한 것이 대다수를 점하고 있다. 한유는 후속세대 작가들을 전심전력으로 길러내고 열정적으로 고무하였으며, 지치지 않고 그들을 고문운동으로 이끌었다. 청년 작가들에게 보낸 서신 속에는 한유의 이러한 정신이 고스란히 드러나 있다. 한유는 청년 작가들에게 스스로를 충실히 하는 데 힘을 기울일 것, 수양에 힘쓸 것 등을 강조하였는데, 그의 이러한 의견은 오늘날 안목으로 바라보아도 여전히 일리 있다. 이 방면에 있어 비교적 눈에 띄는 서신으로는 「울지생에게 주는 답장(答尉遲生書)」·「이익에게 주는 답장(答李翊書)」·「유정부에게 주는 답장(答劉正夫書)」 등이 있다.

당시 권력자들에게 보낸 편지는 주로 출세를 청탁하려고 썼는데, 대부분의 작품이 고도의 예술성을 지니고 있긴 하지만 사상적 측면에서는 작가의 양면성 — 마음속의 불평과 저속함 — 을 명백히 반영하고 있다. 예를 들어 「과목에 응하면서 누군가에게 드리는 편지(應科目時與人書)」와 같은 편지에서는 부득이하게 남에게 추천을 청탁하는 한편 스스로의 자부심을 높이고 있다. 분명 꼬리를 흔들며 동정을 구걸하고 있지는 않다. 이런 종류의 편지라면 용어 사용이 지극히 어려운 법인데, 한유는 매우 생동감 있는 표현으로 장면 장면을 그려내고 있다.

> 큰 바닷가 큰 강 언덕에 웬만한 어류들은 견줄 바 못되는 어마어마한 괴물이 하나 있습니다. 그 괴물이 일단 물을 만났다 하면 변화무쌍하게 비바람을 일으키고 하늘을 올라갔다 내려갔다 하는 일도 어렵지 않으나, 물을 만나

지 못하면 그저 몇 자 몇 마디 되는 곳 안에서만 움직일 뿐이지요. 높은 산이나 큰 언덕, 광활한 길이나 험한 절벽이 가로막고 있는 것도 아닌데, 곤궁하게도 메마른 곳에 처박힌 채 스스로 물을 구해올 재간 없어, 저 수달들의 비웃음을 받아온 지 여덟아홉 해가 되어갑니다. 힘 있는 자라면 그 곤궁함을 불쌍히 여겨 다른 데로 옮겨주는 것도 손 한번 들고 다리 한번 움직이는 수고에 지나지 않을 것입니다. 그러나 이 괴물은 남들과 다르다고 자부하며 "비록 진흙탕에서 썩어 죽어간다 하더라도 내 차라리 즐거워하리라! 그러나 머리 숙이고 귀를 착 붙인 채 꼬리를 흔들어가면서 가련함을 구걸하는 것은 나의 뜻이 아니다!"라고 말합니다. 이 때문에 힘 있는 자가 이 괴물을 맞닥뜨렸다 하더라도, 한참을 쳐다보아도 아무 것도 못 본 것이나 다름없어, 이 괴물이 죽었는지 살았는지 알지 못할 게 뻔합니다. 또 힘 있는 자가 이 괴물 앞에 나타났기에 고개 들어 소리 한번 질러본다 치더라도, 힘 있는 자가 괴물의 곤궁함을 불쌍히 여겨주지 않아, 끝내 손 한번 들고 다리 한번 움직여 그를 맑은 물가로 옮겨주는 것을 잊어버리지나 않을지 또 어찌 알겠습니까? 불쌍히 여겨주는 것도 운명이요, 불쌍히 여겨주지 않는 것도 운명입니다. 이 모든 게 운명에 달려있다는 것을 알면서도 소리 한번 질러보는 것, 이 또한 운명입니다.

> 天池之濱, 大江之濆, 日有怪物焉, 蓋非常鱗凡介之品彙匹儔也. 其得水, 變化風雨上下于天不難也. 其不及水, 蓋尋常尺寸之間耳. 無高山大陵曠途絶險爲之關隔也, 然其窮涸不能自致乎水, 爲獱獺之笑者, 蓋十八九矣. 如有力者哀其窮而運轉之, 蓋一擧手一投足之勞也. 然是物也, 負其異於衆也, 且曰: "爛死於沙泥, 吾寧樂之! 若俛首帖耳搖尾而乞憐者, 非我之志也." 是以有力者遇之, 熟視之若無覩也, 其死其生, 固不可知也. 今又有有力者當其前矣, 聊試仰首一鳴號焉, 庸詎知有力者不哀其窮, 而忘一擧手一投足之勞而轉之淸波乎? 其哀之, 命也, 其不哀之, 命也. 知其在命而且鳴號之者, 亦命也.

왜 이 편지에서 우리는 그 예술성에 특히 주목하게 되는가? 바로 한유 자신의 장기인 문학적 재능을 가지고 권세가들의 마음을 움직임으로써 저들이 자신을 뽑아주기를 바라고 있기 때문이다. 스스로 말했듯이, "제가 비록 우매하

4. 한유·유종원 고문의 뛰어난 성과

고 미천하긴 하지만 문장에 종사해온 것만은 실로 전일하고 또 오래라 할 수 있습니다. 그러니 제가 이토록 왕공(王公)의 능력을 찬미하고 크신 군자의 아름다움을 칭송한 것도 도를 넘어서는 행위는 아닐 것이기"[87] 때문이다. 이는 다음과 같은 사실을 실감나게 설명하고 있다. 첫째, 중소지주 계층 지식분자의 일원으로서, 한유는 이 집단 성원들이 공통적으로 지니고 있던 출세를 위해서라면 수단을 가리지 않는 특성을 똑같이 지니고 있었다는 점. 둘째, 중소지주 계층과 대지주 관료집단 사이에 비록 모순과 투쟁이 존재하긴 하지만, 그들의 계급의식은 기본적으로 일치하기 때문에 필요시에는 서로 결탁하고 서로 이용할 수 있었다는 점이 그것이다.

④ **서문**(序文): 당나라 초기 때 사람들은 친구 간에 이별하게 되면 통상적으로 한 편의 글을 써서 안위와 격려의 마음을 표시했는데, 이러한 종류의 문장을 '서(序)'라고 칭했다. 당나라 문인들은 서문을 매우 많이 지었을 뿐 아니라 훌륭한 작품도 많이 남겼다. 한유는 「진밀을 보내는 글(送陳密序)」 첫머리에서 "태학생 진밀이 내게 청하기를, 저는 선생께 가르침을 받아왔는데, 오늘 양친을 뵈러 귀향하게 되었기에 이젠 아침저녁으로 선생을 뵙지 못합니다. 원컨대 제게 말씀을 내려주신다면, 이를 경계로 삼겠습니다"[88]라고 적었다. 여기서 말한 "말씀을 내려주시면" "경계로 삼겠다"는 말은 떠나는 사람 입장에서 볼 때 서문이 지니고 있는 주요 역할이라 할 수 있다. 보내는 사람 입장에서

---

87) 「양양 우상공에게 올리는 편지(上襄陽于相公書)」에 나오는 구절. 원문은 "今愈雖愚且賤, 其從事於文, 實專且久. 則其贊王公之能, 而稱大君子之美, 不爲僭越也"이다.
88) 「진밀을 보내는 글(送陳密序)」에 나오는 구절. 원문은 "太學生陳密請於余曰: 密承訓于先生, 今將歸覲其親, 不得朝夕見. 願先生賜之言, 密將以爲戒"임.

보자면, 안위와 격려, 그리고 석별의 정이 주요 내용이 되겠다. 이밖에도 저서 앞에 적는 짧은 글도 마찬가지로 '서'라고 칭한다.

　서문은 한유의 고문에서 특수한 지위를 차지하고 있다. 한유는 서문에서 여러 가지 영탄(詠嘆)의 수법을 통해 사회의 각종 불합리한 현상에 대해 비판을 가하기도 하였는데, 대부분이 서정성도 겸비하고 있어 독자들에게 짜릿한 감동을 주고 오랜 여운을 남긴다.

　비교적 이른 시기에 쓰인「낙방하여 돌아가는 제호를 보내는 글(送齊皥下第序)」은 과거에 낙방하여 풀이 잔뜩 죽어있는 젊은이를 위로하기 위해 지은 글인데, 한유는 이 글을 통해 지배층에 대한 책망의 뜻을 넌지시 내비추고 있다. 즉, 현실에 대한 불만을 서문 중에서 처음으로 밝힌 것이다. 저 유명한「맹동야를 보내는 글(送孟東野序)」에서는 '마음에 불평이 있으면 소리 내 운다(不平則鳴)'의 이론을 제시하였는데, 이 글 자체도 불평의 정서가 가득하다.「형담창화시 서문(荊潭唱和詩序)」와「왕수재를 보내는 글(送王秀才序)」은 '불평즉명'에 대한 보충설명이라 할 수 있다. 소식(蘇軾)이 "당나라 유일의 문장"[89]이라 칭송하였던「반곡으로 돌아가는 이원을 보내는 글(送李愿歸盤谷序)」에서는 "나라의 정치는 어지럽고, 번신(藩臣)들이 날뛰는"[90] 상황에서 몇

---

89) 【원주】소식은 다음과 같은 말을 한 바 있다. "구양공께서는 '진나라 때는 문장이랄 게 없다. 오직 도연명의「귀거래사」한 편이 있을 뿐'이라고 말씀하셨다. 나는 '당나라 때는 문장이랄 게 없다. 오직 한퇴지의「반곡으로 돌아가는 이원을 보내는 글」한 편이 있을 뿐'이라고 말한다. 나는 평생토록 이 작품을 흉내내보고자 했지만 붓을 들다가는 번번이 내려놓곤 했다. 그리고는 혼자 웃으며, '차라리 한퇴지 혼자 독보적 존재가 되게 하는 편이 낫겠다'고 하였다.(歐陽公(修)言: '晉無文章, 惟陶淵明「歸去來辭」而已'. 余謂: 唐無文章, 惟韓退之「送李愿歸盤谷序」而已. 平生欲效此作, 每執筆輒罷. 因自笑曰: 不若且放敎退之獨步.)"
90) 원문은 "朝政昏亂, 藩臣驕恣"이다.

4. 한유·유종원 고문의 뛰어난 성과

몇 지식분자들이 느끼는 현실에 대한 분개심과 현실로부터 도피하고자하는 모순된 심리를 반영하고 있다. 「동소남을 보내는 글(送董邵南序)」에서는 당시 하층계급에 속해있던 지식분자들이 출로를 찾지 못하는 데 대한 동정의 마음을 깊이 있게 보여주고 있다.

> 연(燕) 땅과 조(趙) 땅에는 예부터 비분강개하여 비장한 노래를 부르는 선비가 많다고 하였다. 동생(董生: 董邵南)은 진사에 응시하였으나 거듭 담당관에게 인정을 받지 못하였다. 가슴속에 예리한 무기를 품고서도 뜻을 펴지 못한 채 그 땅으로 떠나게 되었으니, 그곳에 반드시 마음에 맞는 사람이 있을 것임을 내 알고 있으니, 동생이여, 힘내시게!
> 그대가 때를 만나지 못한 것에 대해, 의로움을 흠모하고 어짊에 힘쓰는 사람이라면 모두 애석해하고 있다. 하물며 비분강개한 성품을 타고 난 연 땅과 조 땅의 선비들이야 말해 무엇 하겠는가! 그러나 내 듣기로 풍속이란 교화에 따라 쉬이 변한다 하였으니, 지금 상황이 예부터 전해오던 것과 달라지지 않았을지 어찌 알겠는가? 그저 그대가 이번에 가 보고나서 판단하는 수밖에. 동생이여, 힘내시게! 내 그대로 인해 생각나는 바가 많네. 나를 대신해 망제군(望諸君)[91]의 무덤에 조문하고, 그곳 저자에 아직도 옛날 그 개잡는 사람[92]이 있는지 살펴봐주시게! 그리고 나대신 이렇게 고해주시게. "어지신 천

---

[91] 망제군(望諸君): 악의(樂毅). 전국시대 연나라의 명장이었다. 그는 다섯 나라와 연합하여 연 소왕(昭王)을 위해 제(齊)나라 70여개 성지를 함락했다. 그러나 소왕이 죽고 즉위한 혜왕(惠王)은 제나라의 중상모략에 걸려 악의를 파직했다. 악의는 혜왕이 자신을 해칠까 두려워 조나라로 도망가 귀의하니, 조나라에서는 악의를 관진(觀津) 땅에 봉하고 망제군이라는 봉호를 하사했다. 후에 연나라가 제나라에 의해 패배했을 때, 그는 연혜왕에게 편지 한 통을 보내 자신은 아직도 소왕의 은혜를 잊지 않고 있기에 절대 연나라의 위태로움을 틈 타 연을 치지 않을 것임을 맹세했다. 이로 인해 후세에 악의는 충성스러운 신하로 기림을 받았다. 『원화군현지(元和郡縣志)』에 따르면, 그의 무덤은 한단(邯鄲) 서남쪽 18리 되는 곳에 있다고 한다.

[92] 옛날 그 개 잡는 사람: 형가(荊軻)와 고점리(高漸離)의 친구를 말한다. 『사기(史記)』「자객열전(刺客列傳)」에는 '구도(狗屠)'라 되어있다. 형가는 술을 좋아해 개 잡는 사람, 고점리 등과 더불어 어울렸다. 후에 형가가 진(秦) 시황(始皇) 시해에 실패하자 고점리는 복수를

자께서 위에 계시니 이제 나와 벼슬하여도 좋다"고

 燕・趙古稱多慷慨悲歌之士. 董生擧進士, 連不得志於有司, 懷抱利器, 鬱鬱適玆土, 吾知其必有合也. 董生勉乎哉!
 夫以子之不遇時, 苟慕義彊仁者皆愛惜焉. 矧燕・趙之士出乎其性者哉! 然吾嘗聞風俗與化移易, 吾惡知其今不異於古所云邪? 聊以吾子之行卜之也. 董生勉乎哉! 吾因子有所感矣, 爲我弔望諸君之墓, 而觀於其市復有昔時屠狗者乎! 爲我謝曰: "明天子在上, 可以出而仕矣."

만약에 정말로 "어지신 천자께서 위에 계시다"면, 선비들의 출로는 아무 문제없을 것이니, 동소남이 멀리 밥벌이를 하러 연 땅과 조 땅으로 갈 필요가 없지 않겠는가? 이 서문이 풍자하고 있는 대상이 무엇인지 똑똑히 알만하다. 이 작품처럼 짧지만 뼈가 있고, 입장이 분명하며 깊고 완곡한 우의가 깃들어 있는 문장은 한유의 고문 중에서도 정화(精華)에 해당한다.

 ⑤ **비지**(碑誌): 비지는 한유 고문 중에서 매우 중요한 부분을 차지하고 있다. 수량도 매우 많을뿐더러 그 안에 우수한 작품들 또한 적지 않다. 물론 아무 의미 없는 사교용 문장도 적지 않고, 심지어는 한 편의 작품 안에 정화와 껍데기가 공존하기도 한다. 하지만 총체적으로 말할 때 한유의 비지류 작품은 예술성이 비교적 높은 편에 속한다고 할 수 있다.

 송대(宋代) 고문운동에 참가했던 작가 중의 하나인 증공(曾鞏)은 비지류 작품의 작용과 그것의 결점 및 폐단에 관하여 훌륭한 설명을 한 바 있다. 그는 「구양사인에게 부치는 편지(寄歐陽舍人書)」에서, "비지류 작품은 고인에게는 여한이 없게 하고 산 사람에게는 엄숙함을 바치게 하는 작용이 있다. 선한

꾀하였으나 역시 실패하고 살해되었다.

4. 한유·유종원 고문의 뛰어난 성과

자는 전해지는 것이 좋아 자립함에 힘쓸 것이요, 악한 자는 기록할 만한 것이 없을까 부끄러워 두려워할 것이다"[93]라고 말했다. 따라서 비지류 작품은 고인의 "훌륭한 말씀과 아름다운 행실"을 기술하는 것이 주된 내용이라 하겠다. 그러나 증공도 지적했듯이 "세상의 도가 쇠락하면서 자손 된 자들은 자신의 부모를 널리 드러내고자 하였으되 도리에 근본을 두지 않았다. 그래서 악한 자들에게까지 명문을 지어주어 후세에 과시하고자 하였다. …… 이로 인해 명문이 헛된 것이 되고 말았다."[94] 거짓되고 과장된 표현이 많아졌다는 이야기이다. 한유의 비지류 작품은 "유묘지문(諛墓之文)", 즉 죽은 이에게 아첨하는 글이라 일컬어졌는데, 이는 비지류라는 문체의 한계성과 어느 정도 관계있긴 하지만 작가 본인의 낙후된 사상과 더 큰 관계가 있다.

한유의 비지류는 기본적으로 두 갈래로 나눌 수 있다. 한 가지 부류는 많은 사례비를 받고 지은 고위관리들의 묘비(墓碑)·묘표(墓表)·묘지(墓誌)이고, 또 다른 부류는 뛰어난 재능을 지니고 있으나 뜻을 펴지 못하고 하위계층에 머물러야 했던 사람들, 평탄치 못한 인생을 살았던 인물들을 기리기 위해 지은 것들이다. 한유의 진정성과 존경의 뜻은 바로 후자에 속하는 사람들에게 향해 있다. 따라서 한유의 비지류 문장을 평할 때는 이 두 부류를 달리 놓고 논해야지, 한꺼번에 그 가치를 모두 몰살해서도, 또 맹목적으로 똑같이 칭찬을 해서도 안 될 것이다.

고위관리들을 위해 지은 묘지는 엄숙하고 장엄하며 문자 또한 전아하다. 그

---

[93] 원문은 "其辭之作, 所以使死者無有所憾, 生者得致其嚴. 而善人喜於見傳, 則勇於自立, 惡人無有所紀, 則以愧而懼"이다.
[94] 원문은 "及世之衰, 人之子孫者亦欲襃揚其親, 而不本乎理. 故雖惡人, 皆務勒銘, 以誇後世, …… 於是乎銘始不實"이다.

唐宋古文運動

러나 이 모든 것들도 그 속에 감추어진 허위성이나 분식(粉飾)을 가리지는 못한다. 예를 들어, 한홍(韓弘)은 지방에서 발호(跋扈)한 군인출신으로 부하들을 매우 잔혹하게 대했다. 그러나 묘지 속의 그는 공정하고 충성스러우며 "사람을 벌주거나 처형할 때는 겉으로 드러내지 않고 다만 법이 어떠한가만을 물으면서 가볍고 무거움을 자기 맘대로 하지 않았던"[95] 어질기 짝이 없는 인격자로 묘사되어 있다. 또 청변군왕(淸邊郡王)에 봉해진 양연기(楊燕奇)는 본래 환관 전신공(田神功)의 양아들이었으니, 그 인품을 가히 알만하다. 그런데도 한유는 묘지에서 그를 무공(武功)이 혁혁하고 덕행이 완벽한 인물로 그렸다. 이러한 예는 매우 많다. 이러한 묘지에 출현하는 자들은 비록 아름다운 외투를 입고 있으나 진실성이 결여된 목각인형에 불과하다고 말할 수 있다.

그러나 다른 부류의 묘지, 즉 불우했던 소시민을 위해 지은 묘지는 상황이 완전히 달라서, 그 속의 인물들은 훤한 광채를 내뿜고 살아 움직이는 듯하다. 한유는 자신의 웅장한 필력으로 이러한 인물들을 세심하게 그려냄과 동시에 깊은 동정의 뜻을 기탁하였다. 「국자조교를 지낸 하동 사람 설군 묘지명(國子助敎河東薛君墓誌銘)」과 같은 작품은 "세속에 영합하지 않았던"[96] 설공달(薛公達)이라는 인물이, "구두조차 떼지 못하는"[97] 무지한 군대의 장수에게 어떤 식으로 야유를 퍼부었는지를 묘사하면서, 설공달의 다재다능한 이미지를 부각시켰다. 그러나 그는 죽을 때까지 그저 보잘것없는 국자조교일 뿐이었다. 「당나라 옛 조산대부로 상서 고부낭중을 지낸 정군 묘지명(唐故朝散大夫尙

---

[95] 「사도 겸 시중 중서령을 지내고 태위에 추증된 허국공 신도비명(司徒兼侍中中書令贈太尉許國公神道碑銘)」에 나오는 말로, 원문은 "其罪殺人, 不發聲色, 問法何如, 不自爲輕重"이다.
[96] 원문은 "以不同俗爲主"이다.
[97] 원문은 "讀不識句"이다.

4. 한유·유종원 고문의 뛰어난 성과

書庫部郎中鄭君墓誌銘)」에서의 정군(鄭群)은 그저 보통 사람에 지나지 않았으나, 일생의 언행을 살펴볼 때, 일반인이 미치지 못하는 점이 있었다. 그것은 바로 "열정적으로 남과 어울리지도 않았지만 그렇다고 혼자 고고하게 행동하지도 않은"[98] 점이다. 한유는 이 점을 부각시켜, 혼탁한 세상에서 자신의 진실성을 지켜낸 한 명의 정직한 봉건사대부의 모습을 그려냈다.「정요선생 묘지명(貞曜先生墓誌銘)」에서는 시인 맹교(孟郊)의 일생을 그리면서 사회에서 무시당하고 묵묵히 죽어가야만 했던 천재의 일생을 침통한 필체로 써내려갔다. 「유주 나지묘에 세운 비석(柳州羅池廟碑)」에서는 유종원(柳宗元)의 정적(政績)을 적었는데, 낭만적인 어투로 "죽어 신이 된" 한 편의 신화를 서술하면서 유종원을 향한 경모의 마음을 드러내었다. 가장 기이한 작품으로는「시 대리평사 왕군 묘지명(試大理評事王君墓誌銘)」을 들 수 있다. 이 작품에서는 "기이한 재주를 품고, 남을 따라하려 하지 않았던"[99] "천하의 기이한 남자" 왕적(王適)의 이야기를 적고 있는데, 가장 흥미로운 것은 왕적의 "사기 결혼" 이야기를 서술한 부분으로, 생활의 정취가 가득하다.

> 부인 상곡(上谷) 후씨(侯氏)는 처사(處士) 후고(侯高)[100]의 따님이시다.
> 후고는 본디 기이한 선비로서, 스스로를 아형(阿衡)이나 태사(太師)[101]에

---

98) 원문은 "不爲翕翕熱, 亦不爲崖岸斬絶之行"이다.
99) 원문은 "懷奇負氣, 不肯隨人"이다.
100) 처사(處士) 후고(侯高): 처사는 벼슬 않고 은거하는 사람을 지칭하는 말이다. 후고는 자가 현람(玄覽)으로 상곡(上谷) 사람이다. 젊었을 적에 도사가 되어 노산(盧山)에 은거하면서 스스로 화양거사(華陽居士)라 칭하였다. 한유의 제자인 이고(李翶)가 그를 위해 묘지명을 지었다.
101) 아형(阿衡)이나 태사(太師): 아형과 태사는 모두 관직명이다. 은(殷)나라 탕(湯)임금 때 이윤(伊尹)이 아형 벼슬을 했으며, 주(周)나라 무왕(武王) 때 강태공 여상(呂尙)이 태사 벼슬을 했다. 즉, 스스로를 이윤이나 강태공 같은 인물로 여겼다는 뜻이다.

비유하였으나, 세상에 그의 이야기에 귀 기울여줄 수 있는 사람이 없어 거듭 관리 시험에 응했다가 거듭 분노하더니, 결국은 미쳐 강물에 뛰어들어 죽고 말았다. 처음에 처사께서 그 딸을 시집 보내려할 적에 단단히 주의를 주며 말하길, "내 사람들과 어울리지 못해 이렇듯 빈궁해졌지만, 하나뿐인 딸만은 몹시 애지중지하고 있으니, 반드시 관리라야 시집을 주지 절대 보통 사람에게는 주지 않겠다"라고 하였다. 그러자 군은 "내 아내감을 찾은 지 오래인데, 오직 그 노인장만이 마음에 드는데다가 따님 또한 어질다고 들었으니, 절대 놓칠 수가 없다"고 하고는 매파를 속여 "내 명경과(明經科)에 이미 급제를 하였으니, 이제 관리 선발에만 뽑히면 관리인 셈이오. 마침 후씨 노인의 따님이 시집갈 나이가 되었다고 하니, 만약 노인이 나를 사윗감으로 허락하게만 해준다면, 내 백 냥을 당신에게 주어 사례하리다"라고 말했다. 매파가 이를 허락하고 노인장에게 아뢰자 노인장은 "정말 관리이냐? 문서를 가져와 보거라"고 하였다. [매파가 후의 말을 그대로 전하자] 군은 변명이 궁색해져서 결국 이실직고하였다. 그러자 매파는 "걱정하실 것 없습니다. 그 노인장께서는 남이 나를 속일 거라 생각 안하실 테니, 관리임용 문서 비슷한 두루마리 하나만 얻어서 소매춤에 넣고 가기만 하면, 노인장께서 그걸 보시고 반드시 꺼내보려 하시 않으시며 요행히 내 말을 믿을 수도 있습니다"라고 말했다. 매파의 계략대로 하였더니 노인은 소매춤에 넣고 온 문서만 바라보고 과연 의심 없이 믿으며 "됐네"라고 하였다. 그리고는 딸을 왕씨에게 시집 주었다.

妻上谷侯氏處士高女. 高固奇士, 自方阿衡·太師, 世莫能用吾言, 再試吏, 再怒, 去發狂投江水. 初, 處士將嫁其女, 懲曰: "吾以齟齬窮, 一女, 憐之, 必嫁官人, 不以與凡子." 君曰: "吾求婦氏久矣, 惟此翁可人意, 且聞其女賢, 不可以失." 卽謾謂媒嫗: "吾明經及第, 且選, 卽官人. 侯翁女幸嫁, 若能令翁許我, 請進百金爲嫗謝." 諾許, 白翁. 翁曰: "誠官人耶? 取文書來." 君計窮吐實. 嫗曰: "無苦. 翁大人不疑人欺我, 得一卷書粗若告身者, 我袖以往, 翁見, 未必取視. 幸而聽我." 行其謀, 翁望見文書銜袖, 果信不疑, 曰: "足矣." 以女與王氏.

뚜렷한 의식을 가지고 작품 속에서 그들의 애증을 표현해냈다는 데에 한유 비지류 작품의 우수성이 있다. 「집현원교리 석군 묘지명(集賢院校理石君墓

4. 한유·유종원 고문의 뛰어난 성과

誌銘)」에서 은사(隱士) 석홍(石洪)은 참으로 고상한 인물이었으나 아무개 절도사(節度使)가 "그의 오두막으로 폐물을 먼저 보내자"[102] 바로 그의 막부로 들어가 은사 노릇을 그만두었다고 썼다. 매우 완곡하지만 폐부를 깊이 찌르는 풍자이다. 「전중시어사 이군 묘지명(殿中侍御史李君墓誌銘)」·「당나라 옛 감찰어사를 지낸 위부군 묘지명(唐故監察御史衛府君墓誌銘)」·「옛 태학박사 이군 묘지명(故太學博士李君墓誌銘)」에서는 불로장생을 꿈꾸며 도사가 준 단약(丹藥)을 먹었다가 죽은 예닐곱 명의 일을 적고 있는데, "죽지 않기를 바라다가 오히려 죽음을 재촉하였으니, 이를 일러 지혜롭다 한다면 되겠는가, 안 되겠는가?"[103]라고 하면서 그러한 행위의 어리석음을 공개적으로 비판하고 있다. 물론 그들에게 애석한 마음을 표하고 있기도 하지만, 우매한 미신 따위에 현혹된 데 대한 책망을 가하고 있다.

「유자후 묘지명(柳子厚墓誌銘)」은 정화와 쭉정이가 공존하는 작품이다. 이 묘지에서 한유는 유종원의 깊고 두터운 문학적 수양과 걸출한 공헌을 정확하게 평가하고 있다. 작품에서 한유는 유종원에 대해 "빼어나고 걸출했으며 청렴하고 엄격했다. 또 의론을 펼칠 때면 고금의 일을 끌어다 증명하였는데, 경사백가(經史百家)를 넘나들면서 기운차고 도도한 언변을 펼쳤기에, 늘 좌중을 압도하곤 했다"[104]라고 평가했다. 폄적된 뒤에 유종원은 "한가하게 거하면서 더욱 각고의 노력을 하였으며, 암송하고 책 읽는 일에 힘을 쏟으니, 문장이 마치 드넓은 물이 범람하는 듯 깊고도 넓어 그 끝을 알 수 없었다. 그는 또한

---

102) 원문은 "以幣先走廬下"이다.
103) 「옛 태학박사 이군 묘지명」에 나오는 말로, 원문은 "祈不死, 乃速得死, 謂之智, 可不可也"이다.
104) 원문은 "儁傑廉悍, 議論證據今古, 出入經史百子, 踔厲風發, 率常屈其座人"이다.

唐宋古文運動

산수 속에서 한껏 노닐었다"105)고 기술하고 있다. 또한 유종원의 문장을 칭송하면서, "후세에 반드시 전해질 것"106)이라 하였다. 그러나 유종원의 정치활동을 서술하면서, 유종원의 진보적 정치 입장과 그로 인해 받았던 핍박 등에 대해서는 애매한 태도로 일관하면서 단 몇 구절로 지나쳐버렸다. "권력자가 득죄하는 바람에 전례대로 방출되어 자사가 되었다가 임지에 이르기 전에 다시 전례대로 폄적되어 영주사마가 되었다"107)고 적은 다음, "스스로를 아끼고 귀하게 여길 줄 몰라", "자기 몸을 지키지"못했으며, 결국 "편벽한 땅에서 죽어 재주가 세상에 쓰이지 못하였다"108)고 책망하였다. 유종원의 진보적 정치활동은 한유에 의해 부정당하였고, 핍박받았던 사실과 진상 또한 어물어물 그렇게 넘어가버리고 말았다. 그가 "세상에 쓰이지 못한 것"도, 타지에서 죽은 것도 당연한 것이 되어버렸다. 이 문장을 통해 우리는 한유 비지류 작품의 장점과 단점을 명확히 볼 수 있다. 또한 한유의 정치사상이 말년에 가면서 오히려 퇴보하였음을 알 수 있다.109)

---

105) 원문은 "閑居, 益自刻苦, 務記覽, 爲詞章, 汎濫停蓄, 爲深博無涯涘, 而自肆于山水間"이다.
106) 원문은 "必傳於後"이다.
107) 원문은 "遇用事者得罪, 例出爲刺史, 未至, 又例貶永州司馬"이다.
108) 원문은 각각 "不自貴重顧藉", "自持其身", "卒死於窮裔, 材不爲世用"이다.
109) 【원주】「유자후 묘지명」의 은밀하고도 곡진한 필법은 오직 명나라 때 걸출한 희곡작가인 탕현조(湯顯祖)만이 알아봤다. 탕현조는 "퇴지는 유자후의 죽음을 기술하면서, [유우석이 가기로 결정된] 파주로 자기가 대신 가겠다고 한 그 일만을 기술하고 있다. 꺾여버린 유종원의 포부에 대해서는 단 한 마디도 해주지 않고 있으니, 생각건대 한유 또한 보통 사람의 견해밖엔 가지고 있지 않았던 것 같다(退之序子厚死, 但記其易播一事. 至其委曲用世之志, 不爲發揮一言, 意退之亦猶人之見乎)!"(「명나라 옛 조열대부로 국자감채주를 지낸 유공의 묘표(明故朝列大夫國子監祭酒劉公墓表)」) 이 비평은 정곡을 찌르고 있다. 이 때문에 탕현조는 의식적으로 『모란정(牡丹亭)』의 주인공으로 유종원의 후예를 설정한 것이다.

4. 한유・유종원 고문의 뛰어난 성과

(2) 유종원 고문에 관한 간략한 소개

사상성과 예술성이 모두 뛰어난 유종원의 고문 작품은 그 대부분이 정치개혁 실패 이후 폄적 당해있던 시기에 창작되었다. 그는 영주(永州: 지금의 湖南省 零陵 일대)와 유주(柳州: 지금의 廣西省)에서 거의 15년이라는 세월을 보냈다. 그곳에서 백성들과 가까이 지내면서 사회생활에 깊이 관여하게 되었는데, 지방관들의 횡포와 백성들의 빈곤을 목격하고, 봉건제도의 여러 가지 불합리성을 몸으로 느꼈다. 10여년의 힘겨운 삶은 작품의 현실성을 풍부하게 해 주었으며, 산문의 풍격을 제고시켰다. 유종원 스스로도 이 시기에 지어진 작품의 함의와 우의(寓意)가 매우 심원하다고 하였다. "웃음 속에 서린 분노가 눈을 부라리며 성내는 것보다 심하고, 길게 부르는 노래 속에 어린 슬픔이 통곡보다 더하다. 호방한 지금 나의 모습이 실은 슬픔에서 나온 것이 아닐지 어찌 아느냐!"110) 이 말은 가장 절실한 자아평가인 셈이다. 그는 우수한 시인이기도 했기에, 그의 고문에는 우아하고 고결한 정조가 흐른다.

유종원의 고문은 내용과 형식으로 구분해 볼 때, 네 종류의 주요 작품으로 나눌 수 있다. 즉, 논설과 전기(傳記), 우언(寓言)과 유기(遊記)가 그것이다.

① **논설**(論說): 유종원의 논설문은 그의 진보적 사상을 드러내고 봉건제도의 암흑에 대해 비판을 가하는 것이 주요 내용이다. 그 중 유명한 작품으로 「천설(天說)」・「봉건론(封建論)」・「육역론(六逆論)」・「비국어(非國語)」・「땅꾼 이야기(捕蛇者說)」 등이 있다.

「천설」에서는 황당한 운명론을 힘껏 비판하면서 유물주의적 관점을 선양

---

110) 「대하자(對賀者)」에 나오는 말로, 원문은 "嘻笑之怒, 甚乎裂眥, 長歌之哀, 過乎慟哭. 庸詎知吾之浩浩, 非戚戚之尤者乎!"이다.

唐宋古文運動

하였다. 우선 상대방의 잘못된 이론을 인용, 서술한 후에 하나씩 반박을 가하고 있다. 「봉건론」의 작법은 이와 다르다. 먼저 자신의 관점을 피력하고 나서 봉건제와 중앙집권적 군현제의 이로움과 폐단을 비교했다. 그런 다음 봉건제 옹호론자들의 잘못된 점에 대해 힘껏 반박을 가하고 있다. 국가통일을 옹호하고 번진(藩鎭)의 할거(割據)에 반대하는 그의 정치사상을 반영하고 있어서 현실 투쟁적 의미가 담겨있다. 「육국론」은 『좌전(左傳)』에서 민중의 사상이 싹트는 것을 '반역'이라 치부한 것에 대항하여 쓴 작품이다. 유종원은 대담하게도 이른바 '반역'의 무리들의 항쟁이 객관적 규율에 부합한다고 긍정하고 있는데, 이는 일반군중의 횡포한 통치자들에 대한 대항이 인지상정에 부합하는 것이라 긍정하는 것이나 마찬가지이다. 「비국어」는 『국어(國語)』라는 책에 의해 왜곡되어버린 역사적 사실에 대해 반박을 가하는 글로서 상하 2권으로 나뉘며 67편으로 구성되어 있다. 그중 절반에 가까운 작품에서 신학(神學) 역사관을 직접적으로 비판하고 있는데, 논점이 명확하고 예리하며 붓끝이 예리하다. 「땅꾼 이야기」에서는 봉건 통치계급이 백성들에게 가하는 박해와 잔혹함을 그대로 반영하였다. 삼대 째 땅꾼 노릇을 하고 있는 사람은 생명의 위험을 무릅쓰고 뱀을 잡고 있으면서 가혹한 세금 징수로부터 벗어나기를 바라고 있다. 유종원은 그 사람의 하소연을 집중적으로 묘사하고 있는데, 실로 한 글자 한 글자가 피눈물이라 할 수 있다.

"당신은 나를 불쌍히 여겨 내가 살아남길 바라는 것입니까? 그러나 이 일을 하면서 생기는 불행은 나더러 다시 세금을 내라고 하는 불행만큼 심하지 않습니다. 지금까지 이 일을 해오지 않았다면, 나는 아마 진작 병이 났을 겁니다. 우리집안은 삼대 동안 이 마을에 살았으니, 60년간 살아온 셈이지요. 그런데 이웃들은 살아갈 길이 날로 막막해지고, [세금 독촉으로 인해] 땅에서 수확한 것도 다 없어지고 수입도 바닥이 났습죠. 고통스럽게 울부짖으며 여

4. 한유·유종원 고문의 뛰어난 성과

기저기 떠다니지만, 기아에 허덕이며 이리 자빠지고 저리 자빠집니다. 비바람 맞고 추위더위도 막을 길 없으며, 독한 기운까지 쐬어 죽어나가는 자가 줄을 이었습죠. 옛날 내 할아버지와 이웃하던 집 중에 아직껏 남아있는 집은 열에 하나도 되지 않습니다. 내 아버지와 이웃하던 집 중에 아직 남아있는 집은 열에 둘 셋도 되지 않습니다. 나와 12년간 이웃해온 집 중에 지금껏 남아있는 집은 열에 너댓도 되지 않습니다. 죽지 않으면 이곳을 떠난 게지요. 하지만 저는 뱀을 잡았기 때문에 이렇게 남아있을 수 있었습니다. 사나운 서리가 이 마을을 찾아와 동서로 다니며 소리 지르고, 남북으로 헤집고 다니며 포악하게 구니, 어찌나 시끄럽고 사람을 놀라게 하는지, 개나 닭도 편할 수 없습죠. 하지만 저는 조용조용 일어나 항아리를 열어보고 뱀이 아직 남아있으면 느긋이 드러눕습니다. 조심스레 먹이를 먹이고 때가 되면 상전에게 바칩니다. 그러고 물러나오면 땅에서 나는 것들을 달게 먹으며 제 명대로 살다 죽을 수 있지요. 한 해 동안 죽을 고비라야 두 번이면 족하고, 나머지 시간은 희희낙락 지낼 수 있으니, 마을 사람들이 매일매일 죽을 고비를 넘기는 것과 어찌 같다고 하겠습니까? 비록 뱀을 잡다 죽는다 해도, 이웃들보다는 나중에 죽는 셈이니, 감히 힘들다 괴로워할 수 있겠습니까?"

"君將哀而生之乎? 則吾斯役之不幸, 未若復吾賦不幸之甚也. 向吾不爲斯役, 則久已病矣. 自吾氏三世居是鄕, 積於今六十歲矣. 而鄕鄰之生日蹙, 殫其地之出, 竭其廬之入. 號呼而轉徙, 餓渴而頓踣. 觸風雨, 犯寒暑, 呼噓毒癘, 往往而死者, 相藉也. 曩與吾祖居者, 今其室十無一焉. 與吾父居者, 今其室十無二三焉. 與吾居十二年者, 今其室十無四五焉. 非死卽徙爾. 而吾以捕蛇獨存. 悍吏之來吾鄕, 叫囂乎東西, 隳突乎南北, 譁然而駭者, 雖鷄狗不得寧焉. 吾恂恂而起, 視其缶, 而吾蛇尙存, 則弛然而臥. 謹食之, 時而獻焉. 退而甘食其土之有, 以盡吾齒. 盖一歲之犯死者二焉, 其餘則熙熙而樂, 豈若吾鄕鄰之旦旦有是哉! 今雖死乎此, 比吾鄕鄰之死則已後矣, 又安敢毒耶?"

이 글에서 그려내고 있는 당시 사회의 비극적 정경은 사람으로 하여금 어쩔 수 없이 분노를 느끼게 한다. 작가는 맨 마지막에 "아! 세금 추렴의 해악이 뱀보다 심할 줄, 그 누가 알았겠는가!"[111]라고 말하면서 통치계급의 폭정에 대해

唐宋古文運動

엄정한 항의의 뜻을 내비추고 있다.

유종원의 이러한 논설문은 투쟁적 성격이 강렬하고 애증이 매우 분명하다. 뿐만 아니라 예술 표현수법이 다양하고 문자의 구성 또한 치밀하고 정교하여 대대로 광범위한 독자들에게 읽혀왔다.

② **전기**(傳記): 유종원의 전기 중에는 비지(碑誌)의 수량이 비교적 많은 편이나, 이 부류에 있어 대표작이라 할 만한 것은 오히려 단수실(段秀實)의 사적을 기록한 「단태위 일사장(段太尉逸事狀)」과 하층민을 위해 지은 전기문이다.

「단태위 일사장」은 인물의 성격을 매우 생동적으로 묘사해내고 있어서 유종원 전기 중 대표작이라 이를만하며, 대대로 사람들의 추앙을 받아왔다. 이 전기에서 유종원은 백성의 목숨을 해치고 토지를 약탈하는 등 온갖 만행을 일삼은 못된 장수와 병졸들의 죄악을 공개하고 엄격한 비판을 가하고 있다. 아래 인용문은 「단태위 일사장」 두 번째 단락이다.

> 이에 앞서 태위는 경주(涇州) 영전관(營田官)으로 있었다. 경주의 대장 초영심(焦令諶)은 남의 논을 빼앗아 수십 이랑을 자기가 차지하고는 농부에게 주면서 "벼가 익거든 내게 절반을 달라"고 말했다. 그러나 그해 큰 가뭄이 들어 들판에 풀이라곤 나지 않았다. 농부가 그와 같은 사정을 초영심에게 아뢰자 초영심은 "나는 얼마나 들어오는지 그 숫자만 알 뿐, 가뭄 따윈 알지 못한다"고 하면서 더욱 심하게 독촉하기 시작했다. 농부는 굶어 죽을 판국에 도무지 곡식을 갚을 도리가 없어 태위를 찾아가 고했다. 태위는 매우 겸손한 말투로 판결문을 적은 다음 사람을 보내 초영심에게 가 선포하게 했다. 그러

---

111) 원문은 "嗚呼! 孰知賦斂之毒, 有甚於是蛇者乎!"이다.

4. 한유·유종원 고문의 뛰어난 성과

자 초영심은 몹시 화를 내며 농부를 불러다가 놓고 "내가 단 아무개 따위를 겁낼 줄 알았느냐? 감히 고자질을 해"라고 하더니, 판결문을 농부의 등에 덮어놓고 커다란 몽둥이로 스무 대를 쳤다. 농부가 거의 죽게 되자 태위의 마당에 실어다 놓았다. 태위는 크게 울면서 "내가 너를 곤경에 빠뜨렸구나!"라고 하더니 직접 물을 떠다가 피를 닦아주고 옷을 찢어 상처를 싸매주었으며 좋은 약을 손수 먹여주었다. 아침저녁으로 직접 농부를 먹인 다음에야 밥을 먹었다. 또 자기가 타던 말을 내다 팔아 곡식을 사와서는 초영심에게 대신 갚아주었다. 그러나 그러한 사실을 알리지 못하게 했다.

회서(淮西)에 주둔하고 있던 군대의 장수 윤소영(尹少榮)은 강직한 사람이었다. 그는 들어가 초영심을 만나고는 큰 소리로 욕하면서 "네가 사람이냐? 경주의 온 들판이 시뻘겋고 풀 한 포기 나지 않아 사람들은 굶어 죽어가는데, 기필코 곡식을 얻겠다하고, 거기다 커다란 몽둥이로 죄 없는 사람을 치다니. 단공께서는 어질고 신의 있는 대인(大人)이시다. 그런데도 너는 존경할 줄도 모르는구나. 단공께서는 오직 한 필뿐인 말을 헐값에 내다팔아 곡식을 산 다음 네게 주었거늘, 너는 부끄러운 줄도 모르고 받았단 말이냐. 사람으로서 천재지변을 무시하고 대인을 범하였으며, 무고한 사람을 치고 어진 사람의 곡식까지 빼앗아 주인으로 하여금 나갈 때 타고 갈 말조차 없게 만들었으니, 네가 장차 어찌 천지신명을 대하려 하느냐? 저 노비들에게 부끄럽지도 않으냐!"라고 말했다. 초영심이 비록 난폭하고 반항적이긴 했지만, 윤소명의 이와 같은 말을 듣고는 너무도 부끄러워 땀을 뻘뻘 흘렸다. 음식조차 먹지 못하면서 "내 단공을 뵐 면목이 없구나"라고 말하더니, 어느 날 저녁 스스로 한이 되어 죽어버렸다.

先是, 太尉在涇州爲營田官. 涇大將焦令諶取人田, 自占數十頃, 給與農曰: "且熟, 歸我牛." 是歲大旱, 野無草. 農以告諶, 諶曰: "我知入數而已, 不知旱也." 督責益急. 農且飢死, 無以償, 卽告太尉. 太尉判狀辭甚巽, 使人來諭諶. 諶盛怒, 召農者曰: "我畏段某耶? 何敢言我!" 取判鋪背上, 以大杖擊二十, 垂死, 輿來庭中. 太尉大泣曰: "乃我困汝!" 卽自取水洗去血, 裂裳衣瘡, 手注善藥. 旦夕自哺農者, 然後食. 取騎馬賣, 市穀代償. 使勿知.

淮西寓軍帥尹少榮, 剛直士也. 入見諶, 大罵曰: "汝誠人耶? 涇州野如赭, 人且飢死, 而必得穀, 又用大杖擊無罪者. 段公, 仁信大人也. 而

> 汝不知敬. 今段公唯一馬, 賤賣市穀入汝, 汝又取不耻. 凡爲人傲天災, 犯大人, 擊無罪者, 又取仁者穀, 使主人出無馬, 汝將何以視天地? 尚不愧奴隷耶!" 諶雖暴抗, 然聞言則大愧流汗. 不能食, 曰: "吾終不可以見段公!" 一夕, 自恨死.

이 전기에서는 봉건사회의 소위 '청관(淸官)'과 악랄한 세력 간의 투쟁을 다소 과장되게 표현하면서 청관이자 인자(仁者)인 단수실이 백성들에게 얼마나 깊은 사랑과 동정을 지니고 있었는지를 강조하였다. 악랄하기 그지없는 초영심이 자신의 잘못을 듣고 크게 부끄러워하다가 끝내 "어느 날 저녁 스스로 한이 되어 죽어버렸다"고 한 묘사는 통치계급 본성에 대한 미화(美化)라 할 수 있다. 이러한 현상은 시대와 계급사회의 영향을 받은 작가 유종원의 한계성 때문에 생겨났다고 할 수 있다.

하층계급에 속하는 보통사람들의 전기는 광범위한 민중과의 접촉을 통해 탄생한 작품으로, 보통사람들의 고상한 인품을 반영함으로써 통치계급과 선명한 대비를 이루고 있다.

「송청전(宋淸傳)」은 권세에 빌붙고 이익을 보면 의리를 잊어버리는 사대부들은 작은 이익 따위는 아랑곳 않고 기꺼이 가난한 환자들을 도울 줄 아는 저 미천한 약장사만도 못하다며 풍자한 작품이다. 「나무 심는 사람 곽탁타 전(種樹郭橐駝傳)」에서는 정원사가 나무 심는 방법을 인용해, 입으로는 백성을 기른다, 편안히 한다고 하면서 실제로는 백성을 부리고 민생에 해악을 끼치는 통치자들을 비난하고 있다. 「어린아이 구기 전(童區寄傳)」에서는 용맹함과 기지를 지닌 열한 살 된 아이의 형상을 역동적으로 그려내면서 당시 가난한 백성들이 아무렇게나 팔려나가던 사회의 죄악상을 고발하였다.

이밖에도 「재인전(梓人傳)」은 목공(木工)의 사회적 지위를 끌어올려 조정

대신과 나란히 세우기는 했으나 한유의 「흙손쟁이 왕승복전(圬者王承福傳)」과 마찬가지로 "마음을 부리는 자는 남을 다스리지만 힘을 부리는 자는 남에게 다스림을 당한다"[112]이라는 논점을 선양하고 있어서, 유종원 사상의 역사적 한계성을 반영하고 있다.

③ **우언(寓言)**: 우언이라는 문학형식은 선진제자(先秦諸子)의 저작에서부터 광범위하게 운용되기 시작했다. 유종원은 이 전통을 이어받아 더욱 발전시킴으로써 이를 독립된 문학작품으로 승화시켰다. 유종원의 우언은 관료지주계층의 무지몽매함과 사리사욕을 풍자하기도 하고, 봉건 전제정치의 여러 가지 악습들을 고발하기도 하는데, 대부분 편폭이 짧고 논지가 정확하며 이미지가 생동적이고 의탁한 뜻이 심원하여, 크나큰 교육적 의의를 지니고 있다.

「삼계(三戒)」는 가장 유명한 우언작품이다. 세 편(篇)이 한 조(組)로 구성되어 있는데, 적과 벗도 구분할 줄 모르는 사슴을 묘사한 「임강의 사슴(臨江之麋)」, 스스로 잘난 체하지만 미련하기 짝이 없는 나귀를 묘사한 「검 땅의 나귀(黔之驢)」, 스스로 화를 불러온 쥐를 묘사한 「영주 아무개네 집 쥐(永某氏之鼠)」가 그것이다. 작가는 작품 앞의 서문에서 다음과 같이 이야기하고 있다.

> 나는 세상 사람들이 자기의 근본을 미루어 나아갈 줄 모르고, 다른 것을 빌미로 잘난 척하거나, 권세에 빌붙어 다른 부류를 건드리거나, 재주를 드러내 강한 자를 노하게 하거나, 때를 틈타 포악을 일삼거나 하다가 끝내는 화를 입고 마는 것이 항상 싫었다.

---

112) 원문은 "勞心者治人, 勞力者治於人"이다.

唐宋古文運動

> 吾恒惡世之人, 不知推己之本, 而乘物以逞, 或依勢以干非其類, 出
> 技以怒强, 竊時以肆暴, 然卒迨於禍.

자신이 이 글을 왜 지었는가를 설명하고 있는 것이다.

「부판전(蝜蝂傳)」 또한 뛰어난 우언 작품이다. 부판은 물건을 등에 지는 것과 높은 곳에 오르는 것을 몹시 좋아하는 벌레인데, 무얼 맞닥트리던 간에 일단 등에 짊어지고 보다가 결국은 깔려 죽는다. 또 죽을힘을 다해 높은 곳에 오르다가 힘에 부쳐 떨어져 죽는다.

> 부판은 등에 짊어지는 것을 좋아하는 작은 벌레다. 가다가 무엇인가를 보게 되면 바로 가져다가 머리를 곧추세우고 등에다 싣는다. 등이 점점 무거워져 너무도 괴로운데도 그치지 않는다. 부판은 등이 꺼끌꺼끌해서 물건을 실어도 흐트러지지 않기 때문에 끝내는 자빠져 일어나질 못한다. 사람이 어쩌다 그 모습을 보고 가련히 여겨 등에 짊어진 것을 내려주어도 걸을 수만 있으면 다시 그 물건을 다져다가 방금 전처럼 한다. 또 높은 곳에 오르기를 좋아하여 쉬지 않고 힘을 다해 오르다가 결국 땅에 떨어져 죽고 만다.
> 蝜蝂者, 善負小蟲也. 行遇物, 輒持取, 卬其首負之. 背愈重, 雖困劇不止也. 其背甚澁, 物積因不散, 卒躓仆不能起. 人或憐之, 爲去其負, 苟能行, 又持取如故. 又好上高, 極其力不已, 至墜地死.

작가는 이 우언을 통하여 "날마다 높은 지위에 오르고 많은 봉록 받을 생각만 하는"[113] 탐관오리들의 인지력은 지칠 줄 모르고 탐하기만 하는 이 작은 벌레와 다를 바가 없다며 풍자하고 있다. 지주 관료계층의 부패된 본질을 깊이 있게 파헤친 작품이라 하겠다. 이밖에도 「큰 곰 이야기(羆說)」와 「채찍 장수

---

113) 「부판전」에 나오는 구절로, 원문은 "日思高其位, 大其祿"이다.

4. 한유·유종원 고문의 뛰어난 성과

(鞭賈)」는 "내면을 수양하지 않고 겉모습만 믿는", "속이 텅 빈"[114] 사람들을 풍자하고 있어서 독자로 하여금 많은 생각을 하게한다.

「유배된 용 이야기(謫龍說)」라는 글도 있는데, 낭만주의적 색채가 가득한 우아한 우언이다.

> 기이한 여자가 하늘에서 떨어졌다. 순간 광채가 번쩍였다. 여자는 검붉은 갖옷에 흰 무늬 옷을 입고, 머리에는 보요관(步搖冠)을 쓰고 있었다. 귀족 소년들은 한편으로 놀랍기도 하고 한편으로 그녀의 아름다운 모습이 너무도 좋아 조금 집적대보았다. 그러자 그 여자는 정색하고 화를 내면서, "안 된다. 나는 하늘의 궁궐에 사는 몸으로, 별 사이를 오르내리고 음양을 들이마신다. 봉래산도 우습게보고, 곤륜산도 업신여기며 가지 않는 몸이다. 다만 천제께서 내가 너무 오만하다고 여기시어 노여움에 이리로 유배 보냈다. 이레 뒷면 나는 돌아가게 될 것이다. 내 비록 속세에 떨어져 욕을 당하고는 있으나, 너희들과 짝할 바가 아니다. 돌아가게 되면 너희들에게 재앙을 내릴 것이다!"라고 말했다. 소년들은 두려워 물러났다. 여자는 절의 법당으로 들어가 지내다가, 말했던 기일이 되자 물 한 잔을 마시고 오색찬란한 구름을 내뿜었다. 갖옷을 다시 가져다 입고는 흰색용으로 변하여 하늘을 맴돌며 올라갔다. 후에 어찌 되었는지 알 수 없다.
>
> 有奇女墜地, 有光曄然. 被緇裘白紋之理, 首步搖之冠. 貴游少年駭且悅之, 稍狎焉. 奇女艴爾怒焉曰: "不可. 吾故居鈞天帝宮, 下上星辰, 呼噓陰陽. 薄蓬萊, 羞崑崙, 而不旣者. 帝以吾心侈大, 怒而謫來. 七日當復. 今吾雖辱塵土中, 非若儷也. 吾復且害若!" 衆恐而退. 遂入居佛寺講室焉, 及期, 進取杯水飮之, 噓成雲氣, 五色翛翛也. 因取裘反之, 化成白龍, 徊翔登天. 莫知其所終.

---

[114] 원문은 각각 "不善內而恃外"와 "空空之內"이다. 전자는 「큰 곰 이야기」에 나오는 구절이고, 후자는 「채찍 장수」에 나오는 구절이다.

79

唐宋古文運動

　　이 작품은 유종원이 영주에 귀양가 있을 당시 지은 것이다. 우언 속의 천제에게 득죄하여 인간세계로 귀양온 용녀(龍女)는 아마도 작가를 빗댄 인물일 것이다. 하늘로 비상해 올라갔다는 결말을 통해 작가는 미래에 대한 희망을 표출하고 있다.

　　우언의 형식을 취하지는 않았으나 우언의 정신을 갖추고 있는 작품들도 있으니,「빼어난 솜씨를 구하는 글(乞巧文)」·「시충을 욕하는 글(罵尸蟲文)」·「왕손을 증오하는 글(憎王孫文)」이 바로 그것이다. 이러한 작품은 형상성이 뛰어난 비유의 수법을 구사하여 시비를 명확히 판별하고 호불호(好不好)를 정확히 나누고 있다.

　　유종원의 우언은 필봉이 예리하고 서늘하지만 한 글자 한 글자마다, 한 줄 한 줄마다 세상을 향한 작가의 분노와 격정이 서려있다. 이를 통해 유종원 특유의 "준걸하고 매서운" 예술 풍격을 이루고 있으니, 이것이야말로 작가가 견지해오던 진보적 사상이요, 세속과 한데 섞여 타협하지 않으려하던 정신이다. 이러한 우언에는 대체적으로 동물들이 등장하는데, 이는 다른 나라의 우언문학 발전 상황과도 일치하는 것이다. 그러나 중국만의 독특한 풍격을 갖추고 있어서 가히 세계 우언문학 중의 걸작이라 이를만 하다.

　　④ 유기(遊記):「영주팔기(永州八記)」는 유종원이 영주에 유배된 이후에 지어졌는데, 당나라 고문운동의 모범이 될 뿐 아니라 천년 동안이나 널리 읽혀온 작품이기도 하다.

　　유종원의 유기는 예술적 수준이 매우 높다. 무엇보다도 작가가 직접 관찰하고 깊이 있게 느낀 다음, 간결하고도 생동감 있는 언어로 사람들에게 잊혔던 경관을 마치 그림처럼 표현해냄으로써 독자들로 하여금 자기가 직접 그곳에

4. 한유·유종원 고문의 뛰어난 성과

있는 듯한 느낌이 들게 하고, 자신도 모르게 감탄이 나오게 만든다. 다른 한편으로는 산과 물과 나무와 돌, 새와 짐승과 벌레와 물고기의 소리와 모습, 움직임과 고요함을 묘사할 때에 자신의 기구한 운명과 유배당해 있는 우울한 심정을 기탁해 넣음으로써 자연경관과 사람의 감정이 하나가 되게 만든다. 이렇듯 진정한 정경융합(情景融合)을 실현함으로써 독자로 하여금 작가의 자연에 대한 사랑과 작가의 고독한 심정을 절실히 느끼게 하고, 작가가 받은 느낌을 함께 나누게 한다. 「영주팔기」는 한 편 한 편이 모두 이러한 특색을 잘 표현해내고 있다.

「영주팔기」 중의 세 번째 작품인 「작은 언덕 서쪽 소석담에 이르러 쓴 기(至小丘西小石潭記)」를 예로 들겠다. 이 작품은 「고모담 서쪽 작은 언덕(鈷鉧潭西小丘記)」를 짓자마자 바로 이어 지은 작품이다.

> 작은 언덕에서 서쪽으로 약 120걸음 정도 가니, 대숲을 사이에 두고 패옥이 서로 부딪히는 것 같이 물소리가 들려왔다. 기뻐서 대나무를 베어내고 길을 내고보니 그 아래 작은 못이 나왔다. 못의 물은 유난히도 맑고 차가왔다. 못 아래는 온통 커다란 바위 하나가 차지하고 있었다. 못가로 다가가보니 바위가 뒤집혀 부분이 수면 위로 노출되어 작은 섬이나 바위의 형상을 이루고 있었다. 우거진 수목과 푸르른 넝쿨들이 구불구불 얽혀 시야를 가리고, 들쭉날쭉 바람 따라 움직이고 있었다. 못 속의 물고기는 백여 마리 쯤 되어보였는데, 아무 것도 없이 텅 빈 못 속에서 하늘에서인 양 노닐고 있었다. 햇살이 내리쬐니 물고기들의 그림자가 움직임 없이 바위에 그대로 투영되었다. 그러다 갑자기 획-하니 멀리 떠나버렸다. 왔다갔다 민첩하고 경쾌하게 노니는 것이 마치 놀러 온 사람들과 더불어 즐기는 것 같았다.
>
> 못에서 서남쪽을 바라보니 북두칠성처럼, 혹은 뱀처럼 구불구불 물길이 나있었는데, 어디서 보였다가 어디서 안 보였다가 하는지 한눈에 볼 수 있었다. 물가의 형상은 개가 이빨을 서로 드러내고 있는 것처럼 들쭉날쭉했는데,

샘이 어디인지는 알 수 없었다. 못 가에 앉으니 사면이 대나무와 수풀이었다. 적막하니 아무도 없어 쓸쓸함이 밀려들었다. 참으로 처량하고 그윽한 곳이었다. 그곳이 너무 서늘하고 맑아서 오래 있지 못하고 유기(遊記)만 적고서 떠났다.

從小丘西行百二十步, 隔篁竹, 聞水聲, 如鳴佩環. 心樂之, 伐竹取道, 下見小潭. 水尤淸冽. 全石以爲底. 近岸, 卷石底以出, 爲坻, 爲嶼, 爲嵁, 爲岩. 靑樹翠蔓, 蒙絡搖綴, 參差披拂. 潭中魚可百許頭, 皆若空游無所依. 日光下徹, 影布石上, 佁然不動. 俶爾遠逝. 往來翕忽, 似與游者相樂.

潭西南而望, 斗折蛇行, 明滅可見. 其岸勢犬牙差互, 不可知其源. 坐潭上, 四面竹樹環合, 寂寥無人, 凄神寒骨, 悄愴幽邃. 以其境過淸, 不可久居, 乃記之而去.

[고모담]

200자 남짓한 문장으로 못과 바위와 넝쿨과 물고기와 대숲을 얼마나 생동감 있게 표현해 냈는지, 또 그 경관 속에 작가의 실의와 울적한 마음을 얼마나 정교하게 결합시켜 사방 경관의 처연함과 유심함을 잘 전달해냈는지 볼 수 있을 것이다. 바로 이 때문에 유종원의 유기가 역대로 높은 평가를 받아왔다 것

4. 한유·유종원 고문의 뛰어난 성과

이 전혀 이상하지 않은 것이다. 유종원은 유기라는 문체를 확실하게 새로운 단계로 끌어올려 중국 문학유산의 보배를 한층 더 풍부하게 만들었다.

5. 한유·유종원 이후 고문운동의 추세와 쇠락

한유와 유종원의 필생을 건 노력 끝에, 고문은 비로소 이론에서부터 창작 실천에 이르기까지 당시 문단에서 변문의 지위를 뛰어넘어 새로운 권위자로 부상하였다. 그러나 이는 고문운동이 변문을 완전히 소멸시켰다는 이야기가 아니다. 일종의 문학 양식으로서 변문은 여전히 스스로의 존재 이유와 가치를 지니고 있었다. 고문운동과의 오랜 경쟁 끝에, 변문 자체에서도 다음과 같은 변화가 일어났다. 우선 실용적인 방면으로 실험을 시도했다. 정치가 육지(陸贄: 754~805, 자 敬輿, 嘉興 사람)가 변문으로 작성한 그 유명한 주의(奏議)는 매우 훌륭한 정론문(政論文)이었다. 아쉽게도 계승자가 없었지만 말이다. 그 다음으로 변문은 형식주의와 유미주의로 발전해나갔다. 예를 들어 이상은(李商隱: 812~858? 자 義山, 懷州 河內 사람)의 사륙체(四六體) 같은 것은 문장의 색채가 더욱 농염하고 대우(對偶)의 제한이 더욱 엄격했다. 이로 인해 후세에 이 사륙체를 모방하던 작가들의 작품은 순수한 문자유희(文字遊戱)로 변질되기도 하였다. 후기 변문이 스스로 살아남을 길을 찾기 위해서 이와 같은 변화와 노력을 했다는 점에서 우리는 당시 고문운동의 위력을 다시 한번 실감할 수 있다.

당대 고문운동의 임무는 한유와 유종원에게서 이미 완수되었다고 할 수 있다. 한유와 유종원 이후의 문제는 이를 어떻게 계승, 발전시키느냐 하는 것이었다. 그러나 계승자들은 고문운동의 목적과 의의를 곡해하여 그만 굽은 길로 들어서고 말았다.

한유와 유종원의 고문운동 계승자들은 다음과 같은 두 가지 방향을 향해 나아갔다.

첫째, 고문을 공맹(孔孟) 철학을 선양하고 토론하는 도학서(道學書)로 바꾸어 놓았다. 이 방면의 대표자는 한유의 제자 이고(李翶: 772~841, 자 習之, 隴西 成紀 사람)이다. 그는 한유 사상 중의 유심주의 요소를 발전시킴과 동시에 불교의 학설을 끌어들여 유심주의적 유가이론을 수립하였다. 송나라 도학의 선구자라 할 수 있다. 그는 고문운동이 군중에게 호소하기 위해 빌려왔던 도(道)의 관념을 특히 강조하면서, 고문운동을 "끊어졌던 육경(六經)의 학문이 다시금 부활한"[115] 것으로 여겼을 뿐, 고문운동이 표방하고 있는 도에 보다 새로운 내용과 의미가 담겨있음을 보지 못했다. 그는 「복성서(復性書)」 세 편을 지어 성명(性命)에 관해 논했는데, 상편에서는 성(性)과 정(情)을, 중편에서는 수양을 통해 성인이 되는 방법을, 하편에서는 개인의 수양 문제를 각각 논하였다. 자신의 대표작이라 할 수 있는 이 작품에서 이고는 '문이재도(文以載道)' - 실제로는 문도합일(文道合一) - 라는 고문운동의 기본사상에서 벗어나 문(文)과 도(道)를 분리시켰으며, 그렇게 함으로써 고문운동을 단순하게 도(道)와 성(性)을 논하는 도학(道學)의 길로 들어서게 하였다. 물론 '문이명도(文以明道)'와 평이함을 위주로 하는 스승 한유의 이론을 발휘하기 위해 「주

---

[115] 이고의 「이부 한시랑 제문(祭吏部韓侍郞文)」에 나오는 구절로, 원문은 "六經之學, 絶而復新"이다.

재언에게 주는 답장(答朱載言書)」와 같은 글을 짓기도 하였지만 실제 창작에 실천해 옮기지 못했기에 호소력이 떨어졌다.

둘째, 고문운동에서 문학적 기교를 중시하는 차원에서 제창한 바 있는 창신(創新)의 측면을 지나치게 발전시켜 기이하고 괴상한, 남과 다른 문장을 추구하였다. 이 방면의 대표자는 역시 한유의 제자인 황보식(皇甫湜: 777?~830? 자 持正, 浙江 新安 사람)이다. 황보식은 일찍이 문학을 논하면서, "뜻이 새로우면 일상적인 것과 달라지고, 일상적인 것과 달라지면 괴이해진다. 문사가 고상하면 사람들을 능가하게 되고, 사람들을 능가하게 되면 기이해진다. 호랑이나 표범의 무늬는 개나 양보다 빛나고, 난새나 봉황의 소리는 까마귀나 까치보다 청량하며, 금이나 옥의 광채는 기왓장이나 돌보다 눈부시다. 이는 뜻이 앞서서가 아니라 자연에서 우러나온 것이다"116)라고 주장했다. 괴이함이 자연의 산물이라면, 문장에서 편벽한 글자를 사용하여 난삽한 단어를 만들어내는 것 또한 자연스러운 일이다. 이 점에 관해서는 문과 도를 분리시켰던 이고마저 같은 주장을 하였다. 이고는 "뜻과 말은 창조해내어야지 서로 본떠서는 안 된다"117)고 하면서 구체적 예를 들었는데, 사람의 웃는 모습을 묘사할 때는 앞 시대의 사람이 사용한 바 있는 "빙그레[莞爾]", "하하[啞啞]", "활짝[粲然]", "빙긋[攸爾]", "[큰 소리로] 껄껄[囅然]" 등의 어휘는 사용할 수 없다고 하였다. 후세에 이르러 금(金)나라의 걸출한 고문가인 왕약허(王若虛)는 이렇듯 앞 사람이 쓴 어휘를 쓰지 않는다는 것은 도저히 불가능한 일이라고 지적한

---

116) 이 말은 「이생에게 주는 첫 번째 답장(答李生第一書)」에 나온다. 원문은 "意新則異於常, 異於常則怪矣. 詞高則出衆, 出衆則奇矣. 虎豹之文不得不炳於犬羊, 鸞鳳之音不得不鏘於烏鵲, 金玉之光不得不炫於瓦石. 非有意先之也, 乃自然也"이다.

117) 이고의 「주재언에게 주는 답장(答朱載言書)」에 나오는 글로, 원문은 "創意造言, 皆不相師"이다.

唐宋古文運動

바 있다. 그러나 한유와 유종원 이후의 고문 작가들은 '창신'의 의미를 절대화 시켰으며, 이로 인해 고문은 생경하고 난삽하며 기괴함을 추구하는 협소한 길로 들어가 군중의 수요로부터 멀어지기 시작했다.

[이고처럼] 고문을 '공맹 성현'의 전도서(傳道書)로 여겼던, [황보식처럼] 고문을 괴이하고 생경한 길로 끌고 갔던 간에 둘 다 고문운동의 목적과 수요와는 맞지 않았다. 한유와 유종원은 자신들이 처해있던 시대의 특징에 초점을 맞추어 도의 관념을 수립하고 문학적 기교를 중시하는 새로운 사상을 제시하였다. 이는 그 시대에 반드시 필요한 것이었다. 그러나 바로 그러한 점으로 인해 그들이 제시한 사상에는 시간적 제한, 조건적 제한이 따랐으며, 그 제한을 벗어나버리면 그다지 적합하지 않은 것으로 전락해버려 착오가 생기기에 이르렀다. 이고와 황보식은 각자 주장의 필연적인 면만을 보았기 때문에 그것을 고문운동의 유일한 방향이라 각자 자부하면서 고문운동을 쇠락의 길로 들어서게 했다.

만당(晚唐)의 고문가로는 손초(孫樵: 생졸년 미상. 대략 大中~廣明年間 사람. 자 可之, 關東 사람)를 들 수 있다. 손초는 황보식의 제자의 제자라 자칭하면서 "일찍이 글 짓는 비법을 내무택(來無擇)에게서 전수받았다. 내무택은 황보지정(皇甫持正: 황보식)에게서 전수받았고 황보지정은 이부 한퇴지에게서 전수받았다"118)고 하였다. 내무택의 작품이나 문학주장에 대해서는 현재 알 수 없다. 손초는 기이함을 숭상했던 황보식의 이론을 더욱 발전시켜, "고금을 통틀어 이른바 문장이라 하는 것은 문사가 드높아야 기이해지고, 뜻이 심오해야 공교로워진다"119)고 말하였다. 또 "생각을 쌓아놓을 때는 반드시 깊어야

---

118) 손초의 「수재 왕림에게 주는 편지(與王霖秀才書)」에 나오는 글로, 원문은 "皆得爲文眞訣於來無擇. 來無擇得之於皇甫持正, 皇甫持正得之於韓吏部退之"이다.

5. 한유·유종원 이후 고문운동의 추세와 쇠락

하고, 문사를 펼쳐놓을 때는 반드시 드높아야 한다. 남이 하지 않은 말을 하고, 남이 이르지 못한 경지에 이르러야 하니, 선배 작가들은 모두 그렇게 하였다"120)고 말하면서, "괴이한 문사를 사용하다보면 중간에는 이상해지지만 결국 바른 길로 돌아온다"121)라고 주장하였다.

손초는 사회의 변화에 대해 깊이 느낀바가 있어 부분 작품에 현실적 의미를 기탁하기도 하였다. 그러나 문학의 예술적 각도로 볼 때, 그의 작품은 대다수가 "폭넓지 못하고 꽉 막힌 채 꺼끌꺼끌하다."122) 한유와 유종원 시대의 왕성한 기세나 통달한 문필은 마땅히 받아야 할 중시를 받지 못했다.

이 밖에도 심아지(沈亞之: 생졸년 미상. 대략 元和~太和年間 사람. 자 下賢, 吳興 사람)라는 사람도 한유의 영향을 받은 산문 작가이다. 그의 창작은 두 가지 경향을 띠고 있다. 그 하나는 당시 전기문학(傳奇文學)의 영향을 받아 지은 전기문과 흡사한 작품이다. 이 종류의 작품은 문자가 화려한 것이 이미 고문운동의 범위를 많이 벗어나 있다. 다른 하나는 "폭넓지 못하고 꽉 막힌 채 꺼끌꺼끌한" 단점을 똑같이 드러내고 있는 고문작품으로 한유와 유종원의 전통을 제대로 발휘하지 못했다.

당시 향락을 추구하고 현실로부터 도피하고자 하는 유미주의 사조가 등장해 고문에 큰 타격을 주었다. 이는 만당 사회에 거대한 변동이 생겨나고, 계급

---

119) 손초의「문장을 논하여 벗에게 주는 편지(與友人論文書)」에 나오는 글로, 원문은 "古今所謂文者, 辭必高然後爲奇, 意必深然後爲工"이다.
120) 원문은 "儲思必深, 摛辭必高. 道人之所不道, 到人之所不到, 前輩作者正如是"이다. (「문장을 논하여 벗에게 주는 편지(與友人論文書)」)
121) 원문은 "趨怪走奇, 中病歸正"이다. (「수재 왕림에게 주는 편지(與王霖秀才書)」)
122) 이 말은 유종원이 양웅(揚雄)의 문장을 비평한 말로,「한유와 서로 문묵으로 추대하던 일을 보이며 위형에게 주는 답장(答韋珩示韓愈相推以文墨事書)」에 나온다. 원문은 "短局滯澀"이다.

唐宋古文運動

간의 모순이 첨예해지면서 농민이 봉기하였으며, 통치계급 내부의 모순이 확대되고 정치에 큰 혼란이 생겼기 때문인데, 대부분의 지식분자들은 정치적으로 미래가 불투명해지자 소극적이고 퇴폐적인 자세로 일관하면서 가무를 좇고 향락을 추구하는 등 타락한 채 지냈다. 불건전한 사회 풍토로 인해 문단에는 유미주의의 역류가 흐르더니 결국 모든 것을 삼키고 말았다. 이에 형식만 화려하고 내용은 텅 빈 변문이 다시금 범람하기 시작했다. "폭넓지 못하고 꽉 막힌 채 꺼끌꺼끌한", 군중의 기반을 상실한 고문은 이 역류의 습격을 당해낼 힘이 없어서 결국 쇠락의 길을 걸었다.

당대 고문운동의 계승자들은 승리의 성과를 지켜내지 못하였다. 이는 문학 발전사에 있어서 중대한 교훈이다.

그러나 동시대의 소품문(小品文)은 오히려 광채를 발하면서 한유・유종원 고문운동의 현실주의 측면을 발전시켰다.

피일휴(皮日休: 834?~883, 자 襲美, 襄陽 사람)는 황소(黃巢) 밑에서 한림학사(翰林學士)를 지냈다. 풍자적 느낌이 강렬한 그의 소품문에는 봉건사회 최고 통치자를 향한 분노가 가득해, 그들의 추악하고 비열한 면목을 여지없이 벗겨내고 있다. 그는 한유에 대해 높은 평가를 해서, 한유를 태학(太學)에 배향할 것을 조정에 주청하기도 하였다. 이를 통해 그와 고문운동 사이에는 모종의 연관점이 있음을 알 수 있다.

육귀몽(陸龜蒙: ?~881, 자 魯望, 蘇州 사람)도 유명한 소품문 작가이다. 그는 오랜 시간 동안 시골에 은거하면서 부귀영화를 좇지 않았다. 그러나 정치에 대한 관심, 현실에 대한 관심은 매우 높아서 자신의 느낌과 생각을 작품 속에 투영하곤 하였다. 그의 소품문을 보면, 어떤 것은 매우 선명하게 어떤 것은 매우 유머러스하게 전통 도덕이나 암흑과 같은 현실에 대해 비판과 폭로를 가하고 있다. 이러한 작품들은 한결같이 깊고 날카로워서 많은 생각을 불러일으

5. 한유·유종원 이후 고문운동의 추세와 쇠락

킨다. 그의 작품 중에는 우언도 존재하는데, 이는 유종원 우언의 전통을 계승하였다 할 수 있다. 짤막한 우언 속에는 사물의 본질에 대한 작가의 인식이 함축되어 있다.

나은(羅隱: 833~909, 자 昭諫, 餘杭 사람)은 당나라 말기 사람이다. 여러 차례 과거에 응시하였으나 거듭 낙방한 끝에 오월(吳越) 지방으로 와서 말단 관리 노릇을 하였다. 그는 지혜가 뛰어나기로 이름나서 민간에는 그와 관련된 고사가 많이 유전되고 있다. 그의 소품문은 피일휴·육귀몽과 마찬가지로 풍자의 광채가 번뜩인다. 자신의 처지 때문인지, 그의 작품에는 울분과 불평의 심정이 많이 깃들어 있다. 그의 풍자는 매우 예리하여서, 통치자·성인·전통 등은 그의 붓끝에서 본모습을 여과 없이 드러내고 만다. 그의 대표작인 『참서(讒書)』는 "거의 전부가 투쟁과 분노의 이야기"[123]로, 매우 높은 사상성을 지니고 있다.

이 세 명의 걸출한 소품문 작가와 그들의 우수한 작품의 주요 특징은 그들이 "결코 천하를 잊지 않았으니, 바로 엉망진창인 진흙탕 속의 광채요 칼날"[124]이라는 점이다.

고문운동은 만당에 이르러 비록 쇠퇴하고 몰락하였으나 고문운동 중의 하나인 풍자소품만은 당시 최고조에 이르렀다. 고문운동의 변천과정을 논할 때 결코 이 점을 소홀히 해서는 안 되는데, 왜냐하면 바로 고문운동이 쇠락해야 했던 또 다른 이유를 측면에서 설명해주고 있기 때문이다. 또 다른 이유란 무

---

123) 노신(魯迅)의 『소품문의 위기(小品文的危機)』에 나오는 말로, 원문은 "幾乎全部是抗爭和憤激之談"이다.
124) 원문은 "並沒有忘記天下, 正是一塌糊塗的泥塘裏的光彩和鋒芒"이다. (『소품문의 위기(小品文的危機)』)

唐宋古文運動

엇일까? 혼란과 암흑의 시대에서 현실을 반영하고 현실을 비판해야할 임무를 띠고 있는 고문운동이 마땅히 져야할 책임을 지지 않고 오히려 소품문 작가가 그 책임을 졌기 때문에 고문운동은 쇠락의 길로 접어들었다는 것, 그것이 바로 이유이다.

6. 송나라의 신(新)고문운동

(1) 신(新) 고문운동 이전의 역사 배경과 문학사조

만당(晚唐)·오대(五代)의 분쟁 국면을 마무리 짓고 북송(北宋) 왕조가 들어서면서 고도의 중앙집권제 통일왕국을 건립하였다. 농민들은 장기간의 전란 이후 드디어 안식을 얻었으며 생산이 증가하고 경제가 발전하였다. 사회적으로 안정적 환경이 조성되자 문화생활도 따라서 풍부해지기 시작했다. 북송 통치자는 정권을 공고히 하기 위해 지주계층의 이익을 보호해주고, 신구(新舊) 관료들을 우대하면서 전답과 재산을 증식하여 호화로운 생활을 영위할 수 있도록 해주었다. 이에 만당·오대의 부화(浮華)하고 퇴폐적인 분위기를 지주 관료집단이 계승하였다. 그들의 문학적 기호에 적응하기 위해 만당·오대의 유미주의와 형식주의 문학이 계속해서 발전했는데, 특히 이상은(李商隱)의 '사육체(四六體)' 변려문을 선두에 세우고 전적으로 화려하고 꾸밈이 많은 문장만을 짓는 '서곤파(西崑派)'를 형성하기에 이르렀다.

서곤파라는 명칭은 이 파(派)에 속한 14명의 작가들이 공동으로 『서곤수창집(西崑酬唱集)』이란 책을 출간하였다 하여 얻어졌다. 서곤파의 영수는 귀족이자 고관인 양억(楊億: 974~1020, 자 大年, 建州 사람)과 유균(劉筠: 971~

1031, 자 子儀, 大名 사람) 그리고 전유인(錢惟寅)이었다. 이들을 위시로 한 14명의 동료들은 당시 문단을 주름잡았다. 그들은 공개적으로 스스로의 작품이 "아로새긴 문장과 아름다운 구절로 인구에 회자되었다"125)고 말하고 있으며, 그들의 창작 목적은 "남겨진 작품들을 두루 읽고, 전대 사람이 남긴 글을 익혀 음미하며, 그 향기와 윤기를 움켜쥔다. 흠모하는 마음에 글을 지어, 주거니 받거니 시를 읊조리면서 서로 절차탁마한다"126)고 하였다. 서곤파 작가들의 작품은 현실에 대한 느낌이나 내면의 요구에서부터 나온 것이 아니라, 그저 주거니 받거니 창화하거나, 전인의 작품을 모방하여 문자유희로 취미 생활을 하거나, 고상한 가운데 무료한 시간을 보내기 위한 것이었을 뿐임을 알 수 있다. 그들 작품의 특징은 "아름다움과 온갖 모양의 궁극을 추구하고, 풍월과 화초 따위나 읊는다. 음란하고 기교에 능하며 사치스럽고 화려하다. 또한 부화하고 기려하다"127)는 것이다. 그러나 그들의 영향력은 매우 커서 "양억과 유균의

---

125) 양억이 지은 「서곤수창집 서문(西崑酬唱集序)」에 나오는 말로, 원문은 "雕章麗句, 膾炙人口"이다.
126) 원문은 "歷覽遺編, 硏味前作, 挹其芳潤. 發於希慕, 更迭唱和, 互相切劘"이다. (「서곤수창집 서문(西崑酬唱集序)」)에 나오는 말.
127) 원문은 "窮姸極態, 綴風月, 弄花草, 淫巧侈麗, 浮華纂組"이며 송나라 석개(石介)의 「괴설(怪說)」에 나온다. 【원주】서곤파의 작품에 관하여『서곤수창집』중 두 편의 시를 예로 들 수 있는데, 제목은 둘 다 「남조(南朝)」이다. 그 중 양억이 지은 시는 다음과 같다. "오경의 남문(南門)엔 물방울 듣는 소리 성글어지고, 밤을 알리는 소리도 끊기면 제왕 의장의 푸른 깃털 날리네. 뭇별 뜬 새벽의 강둑을 닭소리 들으며 건너고, 가랑비 내린 봄날 사냥터에서 꿩을 잡아 돌아오네. 하늘하늘 걷노라니 버선엔 물결이 흩어지고, 「옥수(玉樹)」를 부르자니 눈물이 옷깃을 적시네. 용이 서린 듯하던 왕조의 기운 300년 만에 끝났지만, 그래도 푸른 물결이 널찍한 문을 마주하고 있네(五鼓端門漏滴稀, 夜籤聲斷翠華飛. 繁星曉埭聞雞度, 細雨春場射雉歸. 步試金蓮波濺襪, 歌翻玉樹涕沾衣. 龍盤王氣終三百, 猶得波瀾對敞扉)." 다른 한 수는 전유인의 시이다. "결기각과 임춘각엔 석양이 내리고, 경양궁에서 종소리 울리니 새벽별이 희미해지네. 반비(潘妃)의 보석 팔찌는 대낮처럼 밝게 빛나고, 강령(江令: 江總)의 붉은 편지지 흩날리듯 떨어지네. 작은 배가 물결을 일으키니

6. 송나라의 신(新)고문운동

풍채는 천하의 귀추를 주목시키면서"128) '시문(時文)'이라 일컬어졌다. 이러한 시문에 능하면 과거에 급제하여 명성을 얻을 수 있었다. 상황이 이러하다보니 고문을 익히고 쓰려는 자는 거의 없었고, 한유의 문집조차 종이상자 안에 쑤셔 박힌 채 골동품이 되고 말았다.

그러나 당시에도 진보성향을 지닌 지식분자들이 있었으니, 그들은 대관료 지주집단을 대표하는 서곤파가 만들어낸 부화하고 내실 없는 문풍에 불만을 품고, 당대 고문운동의 기치를 용감하게 치켜들고 일어나 서곤파 및 그들이 조성한 그릇된 문풍과 투쟁을 벌임으로써 새로이 전개될 고문운동의 서막을 알렸다. 이들은 정치적으로는 보수파에 반대하며 혁신을 추구했다. 뿐만 아니라 국가의 안위와 백성의 어려움에 관심을 기울였다. 그들의 문학에 있어서의 진보적 주장은 정치적 진보 주장과 상호 호응관계에 있었다.

(2) 신(新)고문운동의 세 가지 주요 문제

신고문운동에 참여했던 주요 작가 중 석개(石介)·유개(柳開)·손복(孫復)·목수(穆修)·윤수(尹洙)129) 등은 주로 이론을 세우는 데 노력했다. 구

붉은 등불 지나가고, 처마 모서리 은하수에 스치니 자줏빛 연기가 살랑이네. 진회에서 말에게 물을 먹인 이후로, 촉 땅 버드나무는 궁전의 휘장을 마주할 길 없어졌네(結綺臨春映夕霏, 景陽鐘動曙星稀. 潘妃寶釧光如晝, 江令花箋落似飛. 舴艋凌波朱火度, 舳艫拂漢紫煙微. 自從飮馬秦淮水, 蜀柳無因對殿幃)." 아무런 내용이 담기지 않은 작품임을 알 수 있다.

128) 원문은 "楊·劉風采, 聳動天下"로 구양수가 쓴 『육일시화(六一詩話)』에 나오는 말이다.
129) 【원주】석개(石介: 1005~1045). 자는 수도(守道)이고 연(兗州: 지금의 산동성 연주) 사람이다. 유개(柳開: 947~1000). 자는 중도(仲塗)이고 대명(大名: 지금의 하북성) 사람이다. 손복(孫復: 992~1057). 자는 명복(明復)이고 평양(平陽: 지금의 산서성 臨汾) 사람이다. 목수(穆修: 979~1032). 자는 백장(伯長)이고 운주(鄆州: 지금의 산동성 鄆城) 사람이다. 윤수(尹洙: 1001~1047). 자는 사로(師魯)이고 하남(河南: 지금의 洛陽) 사람이다.

양수(歐陽脩)·소순(蘇洵)·소식(蘇軾)·소철(蘇轍)·왕안석(王安石)·증공(曾鞏) 등은 주로 창작활동에 전념했다.130) 이들의 공통된 목표는 바로 막강 세력을 자랑하고 있던 서곤파의 변려문을 쓰러뜨리고 100년 넘게 침잠해 있던 고문의 지위를 다시금 회복하는 것이었다. 이러한 임무를 완수하기 위해 그들은 세 가지 중대 문제를 중심으로 투쟁을 진행했다.

첫 번째 중대 문제는 바로 사상내용과 예술형식과의 관계이다. 이 문제에 관한 당대 고문운동의 처리방법과 마찬가지로 신고문운동 역시 사상내용을 '도(道)'라고 칭하고 예술형식을 '문(文)'이라고 칭했다. '도'의 구체적 함의 역시 유가(儒家)의 도를 지칭하는 것이었다. 사람들은 이렇게 물을 것이다. "이 문제는 당대 고문운동 내부에서 이미 해결된 것 아니었던가?"라고. 그러나 실은 그렇지 않다. 이 문제는 송대에 이르러 새로운 국면을 맞이하게 되었다. 즉, 서곤파가 그들의 형식주의의 짙은 안개로 문단을 뒤덮어버리자 형식주의가 상층을 점령하고 사상내용은 한켠으로 비켜나기에 이르렀다. 형식주의의 짙은 안개를 깨끗이 걷어내기 위해 이 문제가 가장 우선적으로 제기되었던 것이다.

그렇다면 '도'를 위주로 할 것인가? '문'을 위주로 할 것인가? 이 문제에 대해 유개가 가장 먼저 명확한 답변을 내놓았다. 유개는 "문장은 도를 낚는 통발이니, 함부로 만들 수 있겠습니까? 통발이 좋지 못하면 잡았던 것도 놓치게 마련입니다"131)라고 하면서, '문'이 비록 '도'를 위한 도구이긴 하지만 도구라고 해서 아무렇게나 만들 수는 없으니, 좋지 못한 도구로는 성인의 도를 선양하고

---

130) 【원주】당시 고문 창작에 종사하던 작가로는 범중엄(范仲淹)·왕우칭(王禹偁)·소순흠(蘇舜欽)·매요신(梅堯臣) 등이 더 있었으나 여기서는 가장 중요한 인물로 구양수·소식 등 여섯 사람만 거론한다.
131) 원문은 "文章爲道之筌也, 筌可妄作乎? 筌之不良獲斯失矣"로 유개의 「왕학사에게 올리는 세 번째 편지(上王學士第三書)」에 나오는 말이다.

자 하는 본연의 목적을 이룰 수가 없다고 하였다. 그는 또 여인의 용모와 품덕(品德)을 '문'과 '도'의 관계에 비유하면서, "여자에게 있어서 용모가 덕보다 뛰어난 것을 싫어하지 덕이 용모보다 뛰어난 것을 싫어하지 않는다. 문장에 있어서는 문사가 이치보다 화려한 것을 싫어하지 이치가 문사보다 화려한 것을 싫어하지 않는다"132)라고 하였다. '도'는 많으면 많을수록 좋고, 문사는 조금 처져도 상관없다는 취지이다. 그가 작품의 사상성을 이처럼 올려놓고 예술성을 이처럼 내려놓은 것은 모두 당시 문단의 폐단을 고치기 위해서였다.

신고문운동에서 제시하고 있는 도는 유가 성인의 도 이외에도 사회적 공용(功用)이라는 차원을 내포하고 있다. 손복은 문장의 역할이 "일시의 득실을 바로 잡고", "하층 백성의 분노와 탄식을 적어내며", "나라의 안위를 서술하는 데 있다"133)고 하였다. 여기서 제시하고 있는 '도'의 함의나 사상성에 대한 요구는 매우 진보적임에 틀림없다. 그러나 신고문운동의 서막을 연 작가로서 유개와 손복의 주장에는 한 가지 커다란 결함이 있으니, 그것은 바로 '문'의 중요한 작용을 부정하고 있다는 것이다. 그렇게 되면 문학, 혹은 고문의 발전에 오히려 방해가 되어 하나의 극단에서 또 다른 극단으로 치닫는 꼴이 되어버리고 만다. 그러한 주장을 하게 된 이유는 그들이 문학 창작에 직접 종사하지 않았기에 예술적 수양이나 이해가 부족했다는 데서 찾을 수 있다. 그들이 서곤파의 위풍(威風)을 어느 정도 잠재우기는 하였으나, 신고문운동의 창작을 지도하기에는 부족했다.

---

132) 원문은 "女惡容之厚於德, 不惡德之厚於容也. 文惡辭之華於理, 不惡理之華於辭也"로, 역시 「왕학사에게 올리는 세 번째 편지(上王學士第三書)」에 나온다.
133) 세 구절 모두 「장형에게 주는 답장(答張洞書)」에 나오는 말로, 원문은 각각 "正一時之得失", "寫下民之憤嘆", "述國家之安危"이다.

唐宋古文運動

　　진정하게 이 문제를 해결하고 신고문운동을 위해 창작 원칙을 수립한 사람은 바로 송대 고문운동의 영수인 구양수(歐陽脩: 1007~1072, 자 英叔, 廬陵 즉 지금의 江西省 吉安 사람)였다. 그는 "문과 도를 나란히 중시하다(文道並重)", "도가 먼저이고 문이 나중이다(道先文後)" 등의 관점을 제시하였는데, 지금의 말로 바꾸자면 사상성과 예술성을 나란히 중시하고, 사상성을 예술성보다 우선시해야한다는 것이다. 그는 '도'와 '문'을 유가 '성인'의 이름하에 일괄 통일시켰다. 먼저 이 둘의 동등한 지위를 확립함으로써 유개·손복·석개 등이 '문'을 경시하였던 편향적 사고를 바로잡았다. 그런 다음 당시 문단의 문을 중시하고 도를 경시하던 문풍을 겨냥하여 '도'가 반드시 '문'에 앞서야 하고 내용이 형식에 앞서야 한다는 자신의 주장을 확고히 하였다. '도'의 근원은 무엇인가? 이 질문에 대해 구양수는 성인의 경전에서 구하면 된다고 대답한다. 「조택지에게 주는 답장(答祖擇之書)」에서 그는 다음과 같이 말했다.

　　　배우는 자는 마땅히 경전을 본받아야 하며, 경전을 본받을 때는 반드시 먼저 그 뜻을 구해야 한다. 뜻을 터득하면 마음이 안정되고, 마음이 안정되면 도가 순수해지며, 도가 순수해지면 내면이 충실해진다. 내면이 충실해지면 그것이 드러나 이루어진 문장이 빛을 발한다.
　　　學者當師經, 師經必先求其意. 意得則心定, 心定則道純, 道純則充於中者實. 中充實則發爲文者輝光.

　　충실한 사상내용이 있으면 완벽한 예술적 형식을 자연히 얻게 된다는 뜻이다. 「수재 오충에게 주는 답장(答吳充秀才書)」에서도 "성인의 문장은 도가 뛰어나기 때문에 문사는 어렵지 않게 저절로 이루어진다"[134]라고 하면서 '문'

---

134) 원문은 "聖人之文, 大抵道勝者文不難而自至也"이다.

의 작용을 높이 평가하였다. 그러나 이어서 "문장도 아름답고 언어도 공교로우며", "평생 부지런히 문자 사이에 온갖 노력을 다한"135) 작가들에게, 그들 숫자가 아무리 많고 또 아무리 수고로이 글을 짓더라도 "빠르고 느리고의 차이는 있겠으나 결국은 다른 사람들과 같이 묻혀버리고 말 것이다"136)라며 엄중히 경고하고 있다. 이 한 마디로 서곤파가 문단에 퍼뜨린 예술형식만 중시하고 사상내용을 경시하며 사람들의 이목만을 즐겁게 하는 미혹의 안개를 말끔히 걷어버렸다.

형식주의의 또 다른 폐단은 바로 문장이 천편일률적이어서 아무런 개성도 특색도 없다는 점이다. 이에 구양수는 또 다른 중요 논점을 제시하였으니, 모든 작품에는 각각의 개성 특색이 드러나야 하다는 것이 그것이다. 「악수재에게 주는 첫 번째 편지(與樂秀才第一序)」에서 다음과 같이 말했다.

> 옛날의 학자들은 일가(一家)만 있는 것이 아니었다. 도(道)를 행함에 있어서는 모두 같았지만 언어와 문장은 비슷하지 않았다. 공자의 『주역』「계사전」이나, 주공의 『서경』이나, 해사의 「송」이나, 그 문사는 서로 다르지만 각자 경전이 되었다. 자유와 자하와 자장과 안연은 같은 스승에게서 배웠으나 사람됨이 각기 달랐으니, 각각 타고난 천성에 따라 도에 나아갔을 뿐이다.
> 古之學者非一家. 其爲道雖同, 言語文章, 未嘗相似. 孔子之繫『易』, 周公之作『書』, 奚斯之作「頌」, 其辭皆不同, 而各自以爲經. 子游·子夏·子張與顔回同一師, 其爲人皆不同, 各由其性而就於道耳.

즉 예술 풍격에는 반드시 독창성이 구비되어야 하며, 인습이나 모방은 결코

---

135) 원문은 각각 "文章麗矣, 言語工矣", "勤一世以盡心於文字間者"이다. 「남쪽으로 돌아가는 서무당을 보내는 글(送徐無黨南歸序)」에 나온다.
136) 원문은 "有遲有速, 而卒與衆人同歸於泯滅"이다. 위의 주와 같은 글에서 나왔다.

용납할 수 없다는 뜻이다. 그는 여기서 문(文), 즉 예술풍격의 역할을 높이 올려놓았다.

유개·손복·석개에서부터 구양수에 이르기까지, 반드시 명확히 하고 넘어가야만 했던 신고문운동의 첫 번째 중대 문제 — 문과 도, 예술형식과 사상내용 간의 관계 문제가 드디어 해결되었다.

신고문운동이 제시한 두 번째 문제는 당대 고문운동, 즉 한유와 유종원의 전통을 어떻게 계승하고 발전시킬 것인가 하는 점이었다. 당대 고문운동의 우수한 전통을 계승하고 드날려야만 신고문운동도 일종의 근거를 얻을 수 있고 더 나아가 창조와 발전을 이룩할 수 있었기 때문이다. 또한 그래야만 만당과 오대의 유미주의와 형식주의 전통을 계승한 서곤파를 철저히 붕괴시킬 수 있었기 때문이다. 신고문운동에 있어서 이것이야말로 이른바 도통(道統)과 문통(文統)에 관련된 문제였다. 그렇기 때문에 신고문운동은 시작하자마자 바로 존한(尊韓)·존류(尊柳)를 제창했던 것이다.

석개와 목수는 우선 "구두가 교묘하고, 대우가 정확하며", "아로새기듯 조탁하고 부화하게 치장한"137) 서곤파에 맞서 한유와 유종원의 작품을 내세웠다. 석개는 한유의 작품을 존숭하면서, 한유는 "반드시 교화(敎化)와 인의(仁義)에 바탕을 두고, 예악(禮樂)과 형정(刑政)에 근본한 후에야 작품을 지었다"138)라고 말하면서, 「도의 근원을 밝히다(原道)」·「사람의 근원을 밝히다(原人)」·「비방의 근원을 밝히다(原毀)」·「행난(行難)」·「우문(禹問)」·「불골표(佛骨表)」·「쟁신론(爭臣論)」 등 작품은 "제자 이래 없었던 것들이라, 오

---

137) 원문은 "句讀妍巧, 對偶的當", "雕鎪篆刻, 浮文緣飾"이다.
138) 원문은 "必本於敎化仁義, 根於禮樂刑政而後爲之辭"이며 석개의 「조선생에게 올리는 편지(上趙先生書)」에 나오는 말이다.

6. 송나라의 신(新)고문운동

호라, 지극하구나"139)라고 추앙하였다. 목수는 한유와 유종원을 동시에 높이면서 당나라의 문장은 "한유와 유종원에 이르러 비로소 고인의 글을 대대적으로 토해내기 시작했으니, 그 말은 인의와 나란히 빛을 발하며 다른 것과 섞이지 않았다.……문사는 엄정하고 뜻은 위대하며, 제도와 서술한 바가 경서와도 같아 당나라의 덕을 성대한 한나라의 의표에서 우뚝 드러내었다"140)고 하였다. 소식(蘇軾)은 한유가 "문장으로 팔대(八代)의 쇠락함을 일으켜 세우고, 덕으로 물에 빠져 허우적대는 천하를 구제하였다"141) 라고 하면서 한유의 위대한 공적은 백대(百代)의 스승이 되기에 부족함이 없다고 더욱 명확히 지적하였다. 약 100년 간 끊겨졌던 당대 고문운동의 전통이 그들의 노력을 통해 다시금 이어지게 된 것이다.

구양수는 한유 작품의 전파에 힘을 쏟아, 사람들에게 이미 잊혔던 한유의 문집을 다시 모아 교정한 후 찍어냈다. 또한 이를 널리 전하여 신고문운동 작가들이 배우고 익힐 교본으로 삼게 함으로써 "한유의 문장이 드디어 세상에 전하게 하였고", 30여년 후에 "학자들은 한유가 아니면 배우지 않았으니, 가히 성대하다 이를 만하다."142) 구양수는 이렇게 하여 최종적으로 당대 고문운동에 대한 신고문운동의 계승과 발전을 확립하였고, 신고문운동의 나아갈 방향

---

139) 원문은 "自諸子以來未有也, 嗚呼, 至矣!"이며 석개의 「한유를 존숭함(尊韓)」에 나오는 말이다.
140) 원문은 "(唐之文章)……至韓·柳氏起, 然後能大吐古人之文, 其言與仁義相華實而不雜, ……辭嚴義偉, 制述如經, 能萃然雀唐德於盛漢之表"이며 목수의 「당나라 유선생 문집 후서(唐柳先生文集後序)」에 나오는 말이다.
141) 원문은 "文起八代之衰, 道濟天下之溺"이며 소식의 「조주 한문공묘비(潮州韓文公廟碑)」에 나오는 말이다.
142) 원문은 "而韓文遂行於世"와 "學者非韓不學也, 可謂盛矣"로 모두 구양수의 「구본 한유문집 뒤에 쓰다(書舊本韓文後)」에 나오는 말이다.

을 확립하였다.

뿐만 아니라 구양수는 한유의 '마음에 불평이 있으면 소리 내 운다(不平則鳴)' 이론을 계승 발전시켜 '궁해진 후라야 공교로워진다(窮而後工)' 이론을 제시하면서 객관적 관점에서 문학과 현실과의 밀접한 관계를 증명했다. 이러한 이론에 관하여 구양수는 「매성유 시집 서문(梅聖兪詩集序)」에서 다음과 같이 말하고 있다.

> 선비가 가슴에 뜻을 품고도 세상에 이를 펼치지 못하면 산과 물을 찾아다니니, 벌레와 물고기, 풀과 나무, 바람과 구름, 새와 짐승 등의 모습을 보고 종종 기이한 것들 탐구하곤 한다. 가슴속에 근심과 분노가 그득 쌓이면 원망과 풍자로 그 마음을 표현하게 되니, 떠돌이 신하나 과부의 탄식을 써내고 차마 하기 어려운 마음을 그려낸다. 궁함이 심할수록 글은 더욱 공교로워지나니, 그런즉 시가 사람을 궁하게 만드는 것이 아니라 궁해진 후라야만 공교로워지는 것이다.
>
> 凡士之蘊其所有而不得施於世者, 多喜自放於山巓水涯外, 見蟲魚草木風雲鳥獸之狀類, 往往探其奇怪. 內有憂思感憤之鬱積, 其興於怨刺, 以道羈臣寡婦之所嘆, 而寫人情之難言. 蓋愈窮則愈工. 然則非詩之能窮人, 殆窮者而後工也.

'불평즉명'처럼 강렬하지는 않지만, 이는 송대라는 새로운 시대 상황 속에서 '불평즉명' 사상을 한 걸음 더 발전시킨 것이라 하겠다.

세 번째는 바로 신고문운동 창작실천에 있어서 표준에 관한 문제이다. 다시 말해 작품에 대한 요구가 평이하고 순탄한 것이어야 하는가, 아니면 편벽하고 생소하며 어려운 것이어야 하는가에 관한 문제이다. 당대 고문운동에서는 이 문제를 철저하게 해결하지 못하였을 뿐만 아니라 한유 자체가 기괴함을 숭상하고 기이한 문장 짓기에 힘을 쏟았기 때문에 이러한 객관적인 영향 하에 고문

6. 송나라의 신(新)고문운동

운동에 평이함과 자연스러움을 추구하는 파 이외에 기괴하고 편벽함을 추구하는 다른 파가 생겨나기도 하였다. 바로 그러한 이유 때문에 어떠한 것을 표준으로 삼을 것인가 하는 문제는 신고문운동의 성패가 달린 중대한 문제였던 것이다.

신고문운동은 처음 대중들을 향해 서곤파에 대항하는 투쟁에 참가해주기를 호소할 때부터 평이하고 순탄한 노선을 택하여 창작실천의 표준으로 삼았다. 유개는 "고문이란 편벽하고 난삽한 글로 이야기를 써냄으로써 사람들로 하여금 읽기 어렵게 만드는 그런 글을 가리키는 것이 아니다. 도리를 높이고 뜻을 높이어 장단에 맞게 이야기하고 임기응변하여 글을 지음으로써 고인의 행동거지와 같게 하는 것, 이를 일러 고문이라 한다"143)라고 선언하였다. 이는 신고문운동이 제창하고자 하는 '고문'이 무엇인가에 대하여 스스로 내린 명확한 정의라 할 수 있다. 증공(曾鞏)이 왕안석(王安石)에게 보낸 서신에서 우리는 구양수가 일찍이 왕안석에게 창작이란 반드시 "자연스러움을 취하여 한다"고 경계했음을 알 수 있다. 증공이 왕안석에게 전한 바에 의하면, "구양공(歐陽公: 歐陽脩)께서는 족하께 문장을 조금 넓히실 것과 말을 애써 만들려 하거나 옛 사람을 모방하려하지 말기를 원하셨습니다. 구양공께서 말씀하시길, 맹자나 한유의 문장이 비록 우뚝하긴 하지만 반드시 모방해서 그리되었다고는 할 수 없으니, 그저 자연스러움을 취했을 뿐이다 하셨습니다."144) 그 뒤를 이어 소식(蘇軾)도 이러한 뜻을 한 걸음 더 발전시켰다. 소식은 「사민사에게 주는 답장

---

143) 원문은 "古文者, 非在僻澁言苦, 使人難讀誦之. 在於高其理, 高其意, 隨言短長, 應變作制, 同古人之行事, 是謂古文也"로 유개의 「응책(應責)」에 나온다.
144) 원문은 "歐公更欲足下少開廓其文, 勿用造語及模擬前人. 歐云, 孟·韓文雖高, 不必擬之也, 取其自然耳"로 증공의 「왕개보에게 주는 첫 번째 편지(與王介甫第一書)」에 나오는 말이다.

「答謝民師書」에서 어렵고 편벽한 글쓰기를 즐겼던 양웅(揚雄)을 비판하며 다음과 같이 말하고 있다.

> 양웅은 어렵고 심오한 문사로 얕고 쉬운 학설을 꾸미기를 좋아했다. 만약 정면으로 이야기했다면 누구나 다 알 수 있었을 것이다. 이것이야말로 이른 바 자잘하게 벌레 따위나 새기는 재주이다. 그가 지은 『태현』이나 『법언』 모두 이러한 부류의 글이다.
> 揚雄好爲艱深之辭, 以文淺易之說. 若正言之, 則人人知之矣. 此正所謂雕蟲篆刻者, 其『太玄』·『法言』皆是類也.

고의로 심오하고 어려운 글을 짓는 것은 그저 사상의 얄팍함을 꾸미고자 하는 데 불과하다는 설명이다. 신고문운동은 이렇듯 대중을 외면한 창작방법을 과감히 벗어던졌다.

신고문운동의 영도자와 참가자들은 이상 세 가지 중대 문제에 대해 자기의 주장을 정면으로 제기하여 대중의 인식을 통일하였고, 대중의 발걸음을 정비함으로써 신고문운동을 승리로 이끌었다. 또한 위대한 창작실천을 통해 고문의 통치지위를 확립하였다. 이때부터 형식주의를 지향하는 변문은 세력을 상실하고 오랜 기간 동안 기본적으로 접대용 문장으로서만 그 명맥을 유지하게 되었다.

(3) 구양수(歐陽脩) 등 육대가(六大家)의 고문 성취

구양수를 우두머리로 그 주변에는 당시 가장 우수했던 작가들이 모여들기 시작하여 고문 창작의 전성기를 일구어내었다. 역대로 공인되어 오고 있는 당송팔대가 중 육대가가 바로 이 시기 이 집단에 속한 인물이었으니, 고문 창작이 최고조 번영의 시기를 맞이했음을 알 수 있다. 육대가란 구양수(歐陽脩)·

소식(蘇軾)·왕안석(王安石)·증공(曾鞏)·소순(蘇洵)·소철(蘇轍)을 가리킨다. 서위(西魏) 시대 이후 비롯된 고문운동은 이들 육대가의 풍부하고도 우수한 작품을 통해 바야흐로 완성되어 그 역사적 임무를 완수한다. 다음은 그들이 남긴 고문 업적에 대해 간략히 회고해보기로 한다.

① **구양수(歐陽脩)와 소식(蘇軾)** : 이 둘은 신고문운동의 가장 중요한 작가들이다. 구양수는 신고문운동의 영수였다. 그는 정치적으로나 학술적으로나 모두 높은 지위에 있었고 후진들을 적극적으로 양성하여 신고문운동으로 이끌었다. 소식(1036~1101, 자 子瞻, 호 東坡居士. 眉山 즉 지금의 사천성 사람)은 그의 넘쳐나는 천재적 기질로 고문운동의 새로운 영역을 개척하였으며, 구양수 사후 구양수를 대신하여 문단의 영수가 되었다.

이 둘의 작품은 공통된 특색이 있으니, 의론(議論)·서사(敍事)·서경(敍景)·서정(抒情)을 한데 섞어 감정과 문장력이 매우 뛰어난, 어디든 다 쓸 수 있는 그런 창작법을 지니고 대우(對偶)니 성운(聲韻)이니 전고(典故)니 하는 것에 구속받지 않는 고문만의 장점을 십분 발휘하였다는 점이다. 소식은 「문설(文說)」이라는 작품에서 다음과 같은 말을 하였다.

> 나의 글은 만 휘나 되는 샘물 같아 땅을 가리지 않고 터져 나온다. 평지에서는 도도히 거침없이 흘러 하루에 천리 가기도 어렵지 않다. 그러다 바위나 구비진 길을 만나면 그저 만물의 형상을 좇아 모습을 부여할 뿐 알지 못한다. 알 수 있는 것은 가야하는 곳에서 늘 가고 멈춰야하는 곳에서 늘 멈춘다는 것 뿐. 그 밖의 것은 나라도 알지 못한다.
> 吾文如萬斛泉源, 不擇地而出. 在平地, 滔滔汨汨, 雖一日千里無難. 及其與山石曲折, 隨物賦形而不可知也. 所可知者, 常行於所當行, 常止於不可不止, 如是而已矣. 其他, 雖吾亦不能知也.

이 단락은 소식 작품의 예술적 특징을 개괄적으로 설명해주고 있다. 끝없는 천재적 재능은 솟아나는 샘물처럼 하루에도 천리를 내닫는다. 대상에 따라 그 대상의 서로 다른 특색을 묘사해내면서 굽이굽이 완곡하게 그 대상이 지닌 오묘함을 다 그려낸다. 그러나 반드시 지켜야만 하는 준칙이 있으니, 바로 '가야 할 때 가고, 멈춰야할 때 멈춘다'는 것이 그것이다. 즉, 각종 소재와 그때 그때 필요에 근거하여 가장 자연스러운 방법을 찾아 처리하되 억지로 깎아 내거나 늘려서는 안 된다는 것이다. 송대 고문운동의 풍격에는 당대 고문운동의 풍격과 현저히 다른 부분이 있다. 송대 고문은 비교적 평이하고 자연스러운 반면, 당대 고문은 세련되고 응축적이다. 송대 고문은 당대 고문이 발전되어 나타난 결과물이다. 따라서 문장이 통속적이고 보편적인 방향으로 발전하는 것은 시대와 대중의 요구에 부응하는 것이라 할 수 있다. 송대 고문이 이러한 풍격을 갖추게 된 가장 큰 공로는 마땅히 구양수와 소식에게 돌려야 한다.

구양수의 작품 중 정론(政論)과 사론(史論)은 그의 진보적 정치성향을 드러내고 있다. 당시 작가들의 시문집에 써준 서문(序文)은 그의 혁신적 문학사상을 드러낸다. 이밖에 서정과 서경이 어우러진 문장도 있는데, 이러한 문장은 예술성이 비교적 높은 편이다. 소순은 구양수의 문장을 평론하면서 "느긋하고 흥취가 있으며 왔다 갔다 백 번은 꺾인다. 그러면서 조리 있고 유창히 이어져서 중간 중간 끊이는 법이 없다. 기(氣)가 다하고 말도 극에 달하였으며, 말이 가파르고 의론도 다 펼쳤는데, 여전히 유유자적 여유가 있는 것이 어렵거나 힘든 기색일랑 있지 않다"[145]라고 하였다. 동시대 사람의 칭찬이지만 조금도 넘

---

145) 소순의 「구양내한께 올리는 편지(上歐陽內翰書)」에 나오는 말로 원문은 "紆餘委備, 往復百折, 而條達流暢, 無所間斷. 氣盡語極, 急言竭論, 而容與閑易, 無艱難勞苦之態"이다.

6. 송나라의 신(新)고문운동

치는 평가가 아니다. 널리 애송되고 있는 「취옹정기(醉翁亭記)」를 예로 들어 보겠다.

저주(滁州) 주위는 온통 산이다. 서남쪽 뭇 봉우리들, 숲과 골짜기가 유난히 아름답다. 바라보니 울창하면서도 그윽하고 빼어난 곳, 바로 낭야산(琅琊山)이다. 산길을 따라 육칠 리를 가면 조금치 졸졸졸 물소리가 들려오고, 두 봉우리 사이로 물줄기가 새어나오나니, 그곳이 바로 양천이다. 봉우리는 굽이굽이 길을 꼬불꼬불, 샘물가에 날개를 펼친 정자가 하나 있나니, 그곳이 바로 취옹정이다. 정자를 지은 이 누구인가? 산에 사는 스님 지선이라. 취옹정이라 이름 지은 이 누구인가? 태수가 직접 지었다. 태수는 객들과 이곳에 와서 술을 마시면 조금만 마셔도 번번이 취하기 일쑤이고, 게다가 나이 또한 가장 많아 스스로를 '취옹'이라 이름 하였다. 허나 취옹의 뜻은 술에 있는 것이 아니라 산수에 있나니, 산수의 즐거움을 마음으로 느끼고 술에 기탁한 것일 뿐.

해가 뜨면 숲 문이 열리고, 구름 돌아오면 바위 동굴이 어두워지고, 어두워졌다 밝아졌다 하나니, 이는 곧 산속의 아침저녁이라. 들꽃 피어 향기롭고 아름드리나무 우거져 그늘 무성하며, 바람서리 고결하고 물 떨어지면 돌이 드러나니, 이는 곧 산 속의 사계절이라. 아침이면 갔다가 저녁이면 돌아오니, 사계절의 경관이 달라 보는 즐거움 또한 끝이 없구나. 나무꾼은 저주에서 노래하고 나그네는 나무 아래서 쉬고, 앞서 가는 자가 부르면, 뒤에 가는 자가 답한다. 늙은이 아이 할 것 없이 끊임없이 오고가나니 이는 곧 저주 사람들의 유람이라. 냇가에서는 고기 잡으니, 내는 깊고 고기는 살졌구나. 좋은 샘물을 길어 술을 담그니, 샘이 맑아 술맛이 좋구나. 산과 들의 나물들이 어지러이 널려져 있으니, 이는 곧 태수가 베푸는 잔칫상이라. 잔치 자리 한창 즐겁구나, 거문고 피리 없어도 투호 던진 자 명중시키고 바둑 두는 자 이겼구나. 술잔과 산가지 어지러이 섞여 있는 중에 일어났다 앉았다 시끌벅적하게 구나니, 이는 곧 모든 사람들이 즐기는 모습이라. 허연 백발을 한 사내가 그 사이에 쓰러져 있으니, 이는 곧 태수가 술에 취한 것이라.

이윽고 석양이 산에 걸리고 사람들 그림자 어지러이 흩어지나니, 이는 곧 태수가 돌아감에 빈객들이 수종하는 것이라. 수풀에 그늘 드리우고 새 울음

唐宋古文運動

소리 높아 졌다 낮아졌다 들려오나니, 이는 유람객들이 돌아가자 새들이 즐기는 것이라. 그러나 새들은 산속의 즐거움만 알 뿐, 사람의 즐거움은 알지 못한다. 또한 사람들은 태수 따라와 노니는 것이 즐거운 줄만 알지, 태수가 그 즐거움을 즐거워한다는 사실은 알지 못한다. 취하면 함께 즐거워하고, 깨어나면 그 일을 글로 적을 수 있는 자, 바로 태수라. 태수는 누구인가? 여릉사람 구양수라.

　　環滁皆山也. 其西南諸峰, 林壑尤美. 望之蔚然而深秀者, 琅琊也. 山行六七里, 漸聞水聲潺潺, 而瀉出於兩峰之間者, 釀泉也. 峰回路轉, 有亭翼然臨於泉上者, 醉翁亭也. 作亭者誰? 山之僧智仙也. 名之者誰? 太守自謂也. 太守與客來飮於此, 飮少輒醉, 而年又最高, 故自號曰'醉翁'也. 醉翁之意不在酒, 在乎山水之間也. 山水之樂, 得之心而寓之酒也.

　　若夫日出而林霏開, 雲歸而岩穴暝, 晦明變化者, 山間之朝暮也. 野芳發而幽香, 佳木秀而繁陰, 風霜高潔, 水落而石出者, 山間之四時也. 朝而往, 暮而歸, 四時之景不同, 而樂亦無窮也. 至於負者歌於滁,, 行者休於樹, 前者呼, 後者應, 傴僂提携, 往來而不絶者, 滁人游也. 臨溪而漁, 溪深而魚肥. 釀泉爲酒, 泉香而酒洌. 山肴野蔌, 雜然而前陳者, 太守宴也. 宴酣之樂, 非絲非竹, 射者中, 弈者勝, 觥籌交錯, 坐起而喧嘩者, 衆賓歡也. 蒼然白髮, 頹乎其中者, 太守醉也.

　　已而夕陽在山, 人影散亂, 太守歸而賓客從也. 樹林陰翳, 鳴聲上下, 游人去而禽鳥樂也. 然而禽鳥知山林之樂, 而不知人之樂. 人知從太守游而樂, 而不知太守之樂其樂也. 醉能同其樂, 醒能述其文者, 太守也. 太守謂誰? 廬陵歐陽修也.

이 문장에서는 산속의 아침저녁과 사계절의 경관, 그리고 산속의 풍경 속에서 왔다갔다 즐기는 모습 등을 그려내었다. 그러면서 적거(謫居) 중인 사대부의 유유자적한 심리 또한 얼핏 얼핏 보여주고 있다. 문필은 매우 생동적이고 구법(句法)의 변화 또한 현란하여 연달아 21개의 '야(也)' 자를 사용하여 층층곡절을 주고 있다. 필획이 분명하고 기세가 거침없으며 성운 또한 조화로워 그야말로 절묘한 한 편의 산문시를 읽는 듯한 느낌을 준다. 이토록 고문을 새로운 경지로 이끌었으니, 구양수의 고문 업적은 가히 탁월하다 할 만 하며, 공로 또한 매우 높다 평가할 수 있다.

소식은 문학적 재기가 가장 뛰어나다. 그의 고문은 "첩첩 파란이 일어나고 변화가 끝이 없다(波瀾疊出, 變化無窮)" 이 여덟 자로 형용할 수 있을 것이다. 어떠한 소재이건 간에 그의 붓 끝에 가면 더할 나위 없이 신선하고 온당하게 변하니, 마치 흘러가는 구름이나 물처럼 자연스러우면서도 범속과 차별화된다. 소식의 그 유명한 「전적벽부(前赤壁賦)」를 보자.

> 임술년 가을 7월 기망일(음력 7월 16일)에 소자(蘇子: 蘇軾)는 적벽 아래 배를 띄웠다. 맑은 바람이 소소히 불고 물결조차 일지 않았다. 술잔 들어 객들에게 술 권한 후 명월(明月) 시146)를 읊고 요조(窈窕) 장(章)147)을 불렀다. 잠시 후 동산에 달이 떠올라 북두칠성과 견우성 사이를 맴돌았다. 희디 흰 서리는 강물을 가로지르고, 맑디 맑은 물빛은 하늘에 닿아 있었다. 거룻배 가는 대로 몸을 맡겨 만경창파 아득히 떠내려가나니, 드넓기도 하구나, 공중에 떠서 바람 모는 듯, 멈출 곳을 모르겠도다! 유유하기도 하구나, 세상 버리고 홀로 선 듯, 날개가 돋아 신선이라도 되려는가!
> 술 마시고 즐거움이 더해지자 뱃머리를 두드리며 노래를 불렀다. "계수나무 노에 난초 상앗대, 공중을 가르며 물빛을 거슬러 오르네. 아득하기만 한 이 마음, 미인을 그린다네, 하늘 한 끝에서." 퉁소를 불 줄 아는 객이 있어

---

146) 『시경(詩經)·진풍(陳風)』「월출(月出)」 장을 가리킨다. "달이 밝게 빛나네, 어여쁜 이 예쁘기도 하지(月出皎兮, 佼人僚兮)". 일설에는 뒤에 나오는 조조(曹操) <단가행(短歌行)> 중 "달 밝고 별 성근데 까막까치는 남으로 날아가네(月明星稀, 烏鵲南飛)" 구절이라고도 한다.

147) 『시경』「월출」의 첫째 장, 즉 "어이하면 그윽한 근심을 펼꼬, 마음에 애태우기를 심히 하노라(舒窈糾兮, 勞必俏兮)"이라고 한다. 일설에는 『시경·주남(周南)』의 「관저(關雎)」 첫째 장 "요조숙녀는 군자가 즐겨 찾는다네(窈窕淑女, 君子好逑)"라고도 한다.

노래에 맞춰 화음을 넣었다. 흐느끼는 그 소리는 원망이라도 하는 듯, 사모라도 하는 듯, 울기라도 하는 듯, 호소라도 하는 듯. 길게 이어지는 여운 실 가닥처럼 끊이지 않으니, 깊은 골짝에 숨어 있는 교룡을 춤추게 하고 외딴 배에 타고 있는 과부를 흐느끼게 하였다.

소자는 처연한 마음이 들어 옷깃을 바로 하고 단정히 앉아 객에게 물었다. "퉁소 소리가 어쩌면 그리도 처량하단 말이오?" 객이 말했다. "'달 밝고 별 성근데 까막까치는 남으로 날아간다.'148) 이는 조맹덕(曹孟德: 曹操)의 시 아닙니까? 서쪽으로 하구(夏口)를 바라보고 동쪽으로 무창(武昌)을 바라보니, 끊임없이 이어진 산과 내는 울울창창합니다. 허나 이곳은 바로 조맹덕이 주랑(周郎: 周瑜)에 의해 곤경에 처했던 곳 아닙니까?149) 그가 형주(荊州)를 격파하고 강릉(江陵)으로 내려가 물길 따라 동으로 내려갈 제, 휘하의 배들은 천 리에 이어지고 깃발은 하늘을 뒤덮었을 것이며, 강가에 다다라서는 술을 마시고 창을 가로 놓고 시를 지었을 터이니, 가히 일세의 영웅이라 할 수 있습니다. 그러나 지금은 어디에 있단 말입니까? 그대나 나 같은 사람은 강둑에서 고기나 잡고 나무나 하면서, 물고기 새우와 짝 지어 놀고 노루 사슴과 벗이 되어 일엽편주를 타고서 술잔 들어 서로 주거니 받거니 하고 있지 않습니까. 개미가 천지에 몸을 기탁하고 있는 듯하니, 너른 바다의 곡식 한 알이나 진배없지요. 짧디 짧은 우리네 인생이 슬프고 끝없이 영원한 장강이 부럽습니다. 그래서 나는 신선을 옆에 끼고 자적하며 노닐 것이며 밝은 달을 안고 살다 끝내 죽으렵니다. 그러나 갑작스레 그리 될 수 없는 것을 잘 알기에, 퉁소 소리를 저 슬픈 바람에 맡겼던 것이지요."

소자가 말했다. "그대도 저 물과 달을 아시오? 이리 흘러가지만, 한 번도 가버린 적이 없지요. 저렇게 찼다 기울었다 하지만, 끝내 사라지는 법도 더 자라나는 법도 없습니다. 변화하는 측면에서 보자면 천지는 단 한 순간도 변하지 않는 적이 없지만, 변하지 않는 측면에서 보자면 만물이나 나나 무궁한 것입니다. 그러니 부러워할 게 무엇입니까? 게다가 천지간 만물에는 모두 주인이 있어 내 것이 아니라면 털끝만큼도 가질 수 없지요. 그러나 강가의 맑은

---

148) 조조(曹操) 「단가행(短歌行)」의 첫 구절이다.
149) 기원 208년에 주유(周瑜)가 적벽전에서 조조의 군대를 격파한 일을 두고 한 말이다.

6. 송나라의 신(新)고문운동

바람과 산에 뜨는 밝은 달은 귀로 들으면 소리가 되고 눈으로 보면 형형색색이 되지요. 가져도 막는 이 없고 써도 써도 끝이 없습니다. 이는 조물주가 감춰놓은 끝도 없이 많은 보물인 것을, 그대와 나는 더불어 누리고 있는 것이지요."

객은 기뻐 웃으면서 잔을 씻어 다시 술을 따랐다. 안주가 떨어지고 술잔이 어지러이 흩어진 가운데 배안에서 서로를 베고 잠든 채 동방이 밝아온 줄도 몰랐다.

壬戌之秋, 七月旣望, 蘇子與客泛舟游於赤壁之下. 淸風徐來, 水波不興. 擧酒屬客, 誦明月之詩, 歌窈窕之章. 少焉, 月出於東山之上, 徘徊于斗牛之間. 白露橫江, 水光接天. 縱一葦之所如, 凌萬頃之茫然. 浩浩乎如馮虛御風, 而不知其所止. 飄飄乎如遺世獨立, 羽化而登仙.

於是飮酒樂甚, 扣舷而歌之. 歌曰: "桂棹兮蘭槳, 擊空明兮溯流光. 渺渺兮於懷, 望美人兮天一方." 客有吹洞簫者, 倚歌而和之, 其聲嗚嗚然, 如怨如慕, 如泣如訴. 餘音裊裊, 不絶如縷. 舞幽壑之潛蛟, 泣孤舟之嫠婦.

蘇子愀然, 正襟危坐, 而問客曰: "何爲其然也?" 客曰: "'月明星稀, 烏鵲南飛.' 此非曹孟德之詩乎? '西望夏口, 東望武昌. 山川相繆, 鬱乎蒼蒼.' 此非孟德之困於周郎者乎? 方其破荊州, 下江陵, 順流而東也, 舳艫千里, 旌旗蔽空, 釃酒臨江, 橫槊賦詩. 固一世之雄也, 而今安在哉? 況吾與子, 漁樵於江渚之上, 侶魚蝦而友麋鹿, 駕一葉之扁舟, 擧匏樽以相屬. 寄蜉蝣與天地, 渺滄海之一粟. 哀吾生之須臾, 羨長江之無窮. 挾飛仙以遨游, 抱明月而長終. 知不可乎驟得, 託遺響於悲風."

蘇子曰: "客亦知夫水與月乎? 逝者如斯, 而未嘗往也. 盈虛者如彼, 而卒莫消長也. 蓋將自其變者而觀之, 而天地曾不能一瞬. 自其不變者而觀之, 則物於我皆無盡也. 而又何羨乎? 且夫天地之間, 物各有主. 苟非吾之所有, 雖一毫而莫取. 惟江上之淸風, 與山間之明月, 耳得之而爲聲, 目遇之而成色. 取之無禁, 用之不竭. 是造物者之無盡藏也, 而吾與子之所共適."

客喜而笑, 洗盞更酌, 肴核旣盡, 杯盤狼藉. 相與枕藉乎舟中, 不知東方之旣白.

唐宋古文運動

　「전적벽부」는 비록 '부(賦)'라 하였지만 실은 한 편의 산문이나 진배없다. 작가는 이 작품을 쓸 당시 정치적으로 불우한 처지에 있었기에 마음이 늘 울적했다. 그러던 어느 날 달밤에 작가는 강물에 배를 띄우고 유유자적 호방하게 물과 하늘과 산과 내와 하나가 되어, 한 편으로는 가슴을 터놓고 소리 높여 노래 부르고, 한 편으로는 지금은 사라져버린 역사 영웅을 한탄하면서, 초연하고 낙관적인 태도 속에 인생무상의 애수를 은근히 기탁했다. 이 작품은 낭만주의 색채가 짙어 독자로 하여금 그림처럼 수려한 경관 속으로 빨려 들어가게 하며, 동시에 나도 모르게 어느덧 상상의 나래를 펴고 공중으로 날아오르게 한다. 이 작품을 통해 우리는 소식이 얼마나 뛰어난 예술적 재능을 타고 났는가를 짐작할 수 있다. 신고문운동은 소식처럼 우수한 작가가 있었기에 성공을 거둘 수 있었던 것이다.

　구양수와 소식은 고문의 예술 형식을 끌어올리는 데 지대한 공헌을 하였다. 그들은 작품에 종종 변문의 대우(對偶) 구문을 사용하여 문장의 기세와 힘을 더함으로써 고문에 현란한 색채감과 운율감을 증가시켰다. 위에 인용한 구양수의 「취옹정기」와 소식의 「조주 한문공묘비(潮州 韓文公廟碑)」 등 작품에서도 이에 해당하는 훌륭한 예문을 적잖이 찾아볼 수 있다. 또한 이 둘은 동시에 고문 체제를 이용한 부를 지어 부체(賦體)가 지니고 있는 엄격한 규율을 대담하게 깨뜨렸는데, 그러한 작품들은 모두 큰 성공을 거두었다. 예를 들어 구양수의 「추성부(秋聲賦)」라든가 소식의 「전・후 적벽부」 등은 바로 이러한 창신을 시도했던 작품들이라 할 수 있다.

　② **왕안석(王安石)과 증공(曾鞏)** : 왕안석(王安石: 1021~1086, 자 介甫, 臨川 즉 지금의 강서성 임천 사람)은 탁월한 대정치가였다. 그는 일생 동안 봉건관료정치의 개혁을 위해 노력했으며, 지주계급과 상인들의 격렬한 반대에

6. 송나라의 신(新)고문운동

도 불구하고 신법운동(新法運動)을 추진했다. 그의 주요 고문 작품은 대부분 정론문(政論文)에 해당하는데, 작품을 통해 자신의 진보적 견해를 피력하는 등 그만의 독특한 예술 풍격을 드러내고 있다. 그는 문학적 입장에서 서곤파를 엄격히 배척하면서 "쓰임에 적당한 것을 근본으로 삼았다".150) 그러나 왕안석의 문장은 '문(文)'의 성분이 비교적 적고 정치적 색채가 농후한 편이었다. 그는 날카로운 관찰력과 확고한 정치적 태도를 지니고 있었기에 견해상 전통의 속박을 받지 않을 수 있었으며, 정밀하고도 깊이 있는 문사로 예리한 빛을 뿜어냈다. 이러한 특징은 그 작품만의 날카롭고 험준한 예술적 풍격을 형성하였다.

예를 들어, 한유는 신고문운동 참가자들 사이에 있어서 본래 숭배의 대상이었다. 그러나 왕안석만은 한유에게서 사상의 한계성와 정치적 태도의 낙후성을 찾아내어 첨예한 비판을 퍼부었다. 「한자(韓子)」라는 시에서 왕안석은 다음과 같이 읊고 있다.

백년도 못 가 분분히 스러져질 몸뚱이	紛紛易盡百年身,
온 세상 그 뉘가 있어 도의 참됨을 알아줄까?	擧世何人識道眞?
힘써 진부한 말 없앴다며 속인들 앞에서 자랑하지만	力去陳言誇末俗,
가련하구나, 아무 보탬도 못 주고 정력만 허비했으니.	可憐無補費精神.

이 시의 뜻인즉, "네가 제아무리 도를 부르짖고 독창성 있는 문장을 제창했다손, 그 누가 있어 너를 좇았더냐? 너의 도는 과연 순수한 것이었더냐? 너의 독창적 문장이 혹 범속의 사람들 앞에서난 자랑할 만한 그런 것은 아니었더

---

150) 왕안석의 「누군가에게 드리는 편지(上人書)」에 나오는 말이다. 원문은 "適用爲本"이다.

113

냐?"이다. 주지하다시피 당대 고문운동이 몰락하고 침몰한 채 끝내 성공을 이어가지 못한 것에 대해서는 한유가 많은 책임을 져야 한다. 왜냐하면 그의 사상과 문론(文論) 중에 보이는 낙후된 요소가 후세에 영향을 끼친 결과이기 때문이다. 왕안석이 이러한 점을 겨냥해 한유를 비판한 것은 옳은 처사였다. 다른 예를 보자. 백이(伯夷)와 같은 역사적 인물에 대해서, 왕안석도 한유와 마찬가지로 긍정적 평가를 내리고 있다. 그러나 왕안석은 한유와 서로 다른 관점에서 백이를 칭송한다. 한유는 백이가 말고삐를 잡고 간언한 일과 주나라의 곡식을 먹지 않은 사실을 대대적으로 칭송하면서 역성혁명에 목숨을 걸고 반대했던 백이의 태도를 기리고 있다. 하지만 왕안석은 이러한 논점의 오류를 반박하면서, 무왕(武王)이 주(紂)를 칠 때 백이는 이미 죽었으니, 만약 살아 있었다면 그는 반드시 무왕을 도와 주를 쳤을 것이라고 했다. 그는 그 이유를 이렇게 설명했다. "세상의 도(道)에는 두 가지가 있는데, 인(仁)과 불인(不仁)이 그것이다. 주는 임금으로서 어질지 못한 자였지만, 무왕은 임금으로서 어진 자였다. 백이는 어질지 못한 주를 섬기지 않고 어진 임금이 나올 때를 기다려 출사하려 했던 것이다. 그런데 만약 무왕처럼 어진 자가 나왔는데도 섬기지 않았다면, 백이는 대체 어떻게 처신하려 했다는 것인가?"[151] 왕안석의 이러한 견해는 당시 역사적 조건에 비추어볼 때, 한유나 기타 한유의 추종자들 및 숭배자들에 비해 한결 진보한 것이라 할 수 있다. 그는 무왕의 '인'과 주왕의 '불인'을 정확히 나누어 설명하면서, 한유는 정치개혁을 반대하는 옹호자에 지나지 않지만 왕안석은 정치개혁을 찬성하는 실행자임을 역설하고 있다.

---

151) 왕안석의 「백이(伯夷)」에 나오는 구절로, 원문은 "天下之道二, 仁與不仁也. 紂之爲君, 不仁也, 武王之爲君, 仁也. 伯夷固不事不仁之紂, 以待仁而後出. 武王之仁焉, 又不事之, 則伯夷何處乎?"이다.

6. 송나라의 신(新)고문운동

유종원의 정치 활동이나 유종원이 참가했던 정치 집단에 대한 평가에서, 우리는 왕안석의 진보적 입장을 다시 한번 확인할 수 있다. 「유종원전을 읽고(讀柳宗元傳)」[152]에서 왕안석은 다음과 같이 적고 있다.

> 내 팔사마를 보아하니 모두 천하의 기이한 인재이다. 그러나 어쩌다 왕숙문(王叔文)의 꼬임에 넘어가 불의(不義)에 빠지고 말았다. 오늘날 사대부 중에 군자가 되고자하는 자들은 모두 그들을 수치스럽게 여기며 공격하기를 좋아한다. 그러나 이 여덟 사람은 곤경에 빠진 채 세상에 쓰일 방도가 없어지자 스스로 노력하여 후세에 남겨질 방도를 구하였다. 그럼에도 그들의 이름은 끝내 없어지고 말았다. 이른바 군자가 되고자 한다는 자들도 나는 대부분 그들의 처음만 보았을 뿐이다. 끝까지 세상과 더불어 영합하지 않으며 소인배와 차별된 삶을 사는 자는 너무도 적었으니, 어찌 저들을 두고 더 이상 왈가왈부할 수 있단 말인가!
>
> 余觀八司馬, 皆天下之奇材也. 一爲叔文所誘, 遂陷入於不義. 至今士大夫欲爲君子者, 皆羞道而喜攻之. 然此八人者, 旣困矣, 無所用於世, 往往能自强以求列於後世, 而其名卒不廢焉. 而所謂欲爲君子者, 吾多見其初而已. 要其終, 能毋與世俯仰以自別於小人者耳, 復何議彼哉!

이 글은 한유에 대한 비판의 뜻을 담고 있기도 하다. 왜냐하면 한유는 초지일관 유종원의 진보적 정치활동을 반대하는 입장에 서있었기 때문이다.

「맹상군전을 읽고(讀孟嘗君傳)」의 경우 비수만큼이나 비판의 칼날이 첨예하다.

---

152) 【원주】 이 작품은 일반적으로 「서팔사마문(書八司馬文)」이라 적는데, 『임천문집(臨川文集)』의 제목에 의거해보면 작가의 원 제목이 그의 유종원에 대한 견해를 더욱 잘 나타내는 것 같다.

唐宋古文運動

　　세상 사람들은 모두 맹상군을 일러 선비 얻는 재주가 뛰어나 선비들이 그 밑에 들어갔다고들 말한다. 또한 끝내 그들의 힘을 빌어 호랑이 표범 같은 진나라로부터 탈출할 수 있었다고들 말한다. 아! 맹상군은 그저 닭 울음소리나 내고 개구멍으로 들락거리는 도적놈의 우두머리에 지나지 않는다. 어찌 선비 얻는 재주가 뛰어나다 말할 만하겠는가! 그렇지 않다면, 제나라 정도의 강성함으로 선비 하나만 얻어도 마땅히 남면(南面)하고 왕이 되어 진나라를 제압했어야지, 닭 울음소리나 내고 개구멍으로 들락거리는 도적놈의 힘 따위를 빌릴 필요 무엇 있겠는가! 닭 울음소리나 내고 개구멍으로 들락거리는 도적놈이 그 집 문을 출입한 까닭에 선비들이 그 집 문에 이르지 않았던 것이다.
　　世皆稱孟嘗君能得士, 士以故歸之, 而卒賴其力, 以脫於虎豹之秦. 嗟乎! 孟嘗君特雞鳴狗盜之雄耳. 豈足以言得士! 不然, 擅齊之强, 得一士焉, 宜可以南面而制秦, 尙何取雞鳴狗盜之力哉! 夫雞鳴狗盜之出其門, 此士之所以不至也.

　'선비를 기르는 것(養士)'과 '선비 얻는 것(得士)'으로 명성을 얻은 맹상군에 대해 더할 나위없이 깊이 있는 분석을 가하였다. 동시에 '선비'의 표준을 매우 엄격하게 정하였다. 여기서 우리는 신념 있는, 의지 굳은 대정치가의 면목을 유감없이 볼 수 있다.
　왕안석의 이러한 의론문은 모두 빼어난 정론이자 우수한 문학작품이라 할 수 있다. 왜냐하면 확고하고 명확한 사상성과 정련되고 웅건한 예술적 표현이 조화롭게 결합된 결정체이기 때문이다. 당송 고문가 반열에서 왕안석은 매우 빼어난, 또한 독특한 풍격을 지니고 있는 위대한 작가임에 틀림없다.
　증공(曾鞏: 1019~1083, 자 子固, 南豊 즉 지금의 강서성 남풍 사람)과 왕안석은 서로 다른 풍격을 지니고 있다. 증공의 작품은 투쟁의식이 그다지 격렬하지 않으며, 침착하고 온중하다. 그러나 자구 하나 하나마다 무게가 실려 있으며, 엄밀한 법도와 구성을 중시하여 작품이 질서정연하면서도 단락이 분명하다. 그래서 독자들에게 쉽게 본받을 수 있는 방법을 보여준다. 그의 깊이 있는 이론과 반복적인 서술, 그리고 자기의 의사를 분명히 밝히는 데 능한 창작법은 후세 고문운동가들에게 큰 영향을 미쳤다. 청나라 동성파(桐城派) 고문의 이른바 '의법(義法)'이라는 것은 바로 증공의 이러한 창작법을 부분 계승한 것이라 할 수 있다.

「묵지기(墨池記)」를 예로 들어보겠다.

임천성 동쪽에 땅이 불쑥 솟아난 고지대가 있고 그 아래 시내가 있는데, 그곳을 신성이라고 부른다. 신성 위에 장방형으로 생긴 나지막한 웅덩이가 있는데, 왕희지의 '묵지'라고들 부른다. 이는 [南朝宋人] 순백자(荀伯子)의 『임천기(臨川記)』에 나오는 말이다. 왕희지는 [동한의 서예가] 장지(張芝)를 흠모하여 이 못에 와서 서법을 연습했는데, 그로 인해 못의 물이 검게 변했으며, 이곳이 바로 그 유적이라고 한다. 이 말을 믿을 수 있는가? 왕희지는 억지로 벼슬하지가 싫어 동쪽으로 유람을 떠났다가 동해 바다로 배를 타고 나가 산수 사이를 노닐며 심신을 즐겁게 하였다. 마음껏 방랑하며 즐기는 중에 어떻게 이곳에 와서 쉴 수 있었겠는가? 왕희지의 서법은 만년이 되어서야 훌륭해진다. 그러니 그의 능력은 정력을 쏟아 이루어낸 것이지, 타고난 것은 아니라는 이야기이다. 그런데 후세에 왕희지에 미칠만한 자가 나오지 않으니, 그들의 공부가 왕희지만 못해서가 아니겠는가? 그런즉 공부란 아니할 수 없는 것이다. 그러니 도덕에 있어 깊은 조예를 이루려는 자야 말해 무엇 하겠는가?

묵지 옆에는 지금 주(州)의 학사가 세워져있다. 교수 왕심(王深)은 묵지 유적이 널리 드러나지 않을까 염려되어 '진나라 왕우군의 묵지(晋王右軍墨池)'라는 여섯 글자를 난간 사이에 써서 걸어놓고 나를 찾아와 말했다. "기를 좀 지어주셨으면 합니다." 왕군의 뜻을 헤아려볼 때, 남의 장점을 아끼는 마음에 단 한 가지 장점이라도 차마 저버리지 못하고서 이 유적에까지 마음이 미쳤던 것이리라. 혹 왕희지의 일로써 후학들을 권면하려 함인가? 사람에게 한 가지 능력만 있어도 후세 사람이 이처럼 우러르니, 어진 이와 군자들이

唐宋古文運動

남겨놓은 자취가 후세에 미칠 영향이 어떠하겠는가!

　　臨川之城東, 有地隱然而高, 以臨於溪, 曰新城. 新城之上, 有池洼然而方以長, 曰王羲之之墨池者, 荀伯子『臨川記』云也. 羲之嘗慕張芝, 臨池學書, 池水盡黑, 此爲其故迹, 豈信然耶? 方羲之之不可强以仕, 而嘗極東方, 出滄海, 以娛其意於山水之間, 豈有徜徉肆恣, 而又嘗自休於此耶? 羲之之書, 晩乃善, 則其所能, 蓋亦以精力自致者, 非天成也. 然後世未有能及者, 豈其學不如彼邪? 則學固豈可少哉, 況欲深造道德者邪?

　　墨池之上, 今爲州學舍, 敎授王君盛, 恐其不章也, 書晉王右軍墨池'之六者於楹間以揭之, 又告於鞏曰: "願有記". 推王君之心, 豈愛人之善, 雖一能不以廢, 而因以及乎其迹邪? 其亦欲推其事以勉其學者邪? 夫人之有一能, 而使後人尙之如此, 況仁人莊士之遺風餘思, 被於來世者何如哉!

묵지라는 유적에서 출발해 학문의 성취는 해이해지지 않고 끈기 있게 하는 데 달려있음을 설명하고 있다. 또한 묵지를 널리 알리고자 하는 사람을 통해 그의 목적은 후학들을 권면하고자 하는 데 있음을 설명하고 있다. 문장 전체에서 그는 설문체(設問體)를 사용하고 있는데, 어떤 것은 직접 대답하기도 하고, 어떤 것은 독자들에게 음미해보도록 두고 있다. 그래서인지 온화한 학자가 독자와 마주 앉아 직접 친절한 문답을 주고받는 중 자신도 모르게 도리를 들려주는 듯한 느낌을 받는다. 후세 고문가들도 애써 그의 이러한 필법을 배우려 하였으나, 그들의 고문은 오히려 용속하고 무미건조한 어조가 되어 버리곤 하였다. 이것을 증공의 탓이라 할 수는 없지만 말이다.

③ **소순(蘇洵)과 소철(蘇轍)**: 소순과 그의 두 아들 소식·소철은 '삼소(三蘇)'라 병칭되는데, 그 중 소식이 가장 뛰어나다 일컬어지지만 소순과 소철도 나름대로의 성취를 거둔 작가이다.

6. 송나라의 신(新)고문운동

　소순(蘇洵: 1009~1066, 자 明允)은 자신의 문학 수양을 서술하면서 "『논어』와 『맹자』, 그리고 한유(韓愈) 및 기타 성인현자들의 글을 꺼내 올곧이 단좌한 채 종일토록 읽어 온 것이 칠팔년이었습니다. 처음 시작할 때는 글 속에 들어가도 당황하였고, 그 밖의 것을 널리 보고는 화들짝 놀랐습니다. 오래도록 정밀히 읽었더니 마음이 확 트이면서 밝아지는 것이 사람들의 말처럼 그렇게 되는 것 같았습니다. 그러나 그때까지 감히 스스로 글을 쓰지는 못했습니다. 세월이 오래 지나 가슴속의 말이 나날이 많아지고, 더 이상 스스로 제어할 수 없게 되었을 때 시험 삼아 그 이야기를 적어보았습니다. 그런 후 거듭 그 책을 읽었더니, 거침없이 말들이 쏟아져 나왔습니다"153)고 하였다. 그는 사론(史論)과 정론(政論)이 비교적 유명하며 서사문은 비교적 적은 편이다. 「두 아들의 이름을 짓고(名二者說)」는 짧은 문장이지만 그의 작법이 얼마나 반복적 분석에 능한지를 보여준다.

　　수레바퀴, 수레바퀴살, 수레덮개, 수레뒤턱나무는 수레에 있어 모두 맡은 바 직분이 있다. 그러나 수레앞턱나무만은 하는 일이 없어 보인다. 비록 그렇다 할지라도 수레 앞턱나무를 없애면 온전한 수레가 되지 못한다. 식아, 나는 네가 스스로를 감추지 못할까 걱정이구나.
　　천하의 수레는 모두 바퀴가 낸 길로 다니지만 수레의 공을 말할 때 수레바퀴 길은 끼지 못한다. 그렇지만 수레가 엎어지고 말이 고꾸라져 죽어도 그 우환이 수레바퀴 길에는 미치지 못한다. 그러니 수레바퀴 길이란 화복 사이

---

153) 소순의 「구양내한에게 올리는 편지(上歐陽內翰書)」에 나오는 말로, 원문은 "取『論語』·『孟子』·韓子及其他聖人賢人之文, 而兀然端坐, 終日以讀之者七八年矣. 方其始也, 入其中而惶然, 博觀於其外而駭然以驚, 及其久也, 讀之益精, 而其胸中豁然以明, 若人之言固當然者, 然猶未敢自出其言也. 時旣久, 胸中之言日益多, 不能自制, 試出而書之. 已而再三讀之, 渾渾乎覺其來之易矣"이다.

에 있는 것이다. 철아, 네가 환란을 면할 것임을 알겠구나.
　　輪輻蓋軫, 皆有職乎車, 而軾獨若無所爲者. 雖然, 去軾則吾未見其
爲完車也. 軾乎, 吾懼汝之不外飾也.
　　天下之車, 莫不由轍, 而言車之功, 轍不與言. 雖然, 車仆馬斃, 而患
不及轍, 是轍者禍福之間. 轍乎, 吾知免矣.

　두 아들에 대한 기대와 권면, 그리고 경계의 뜻이 이 짧은 문장 속에 모두 드러나 있으니, 그의 예술적 재능이 결코 낮지 않았음을 볼 수 있다.
　소철(蘇轍: 1039~1112, 자 自由)은 한유의 '기(氣)가 성하면 말이 온당해진다(氣盛言宜)' 학설을 발전시켰다. 그는 「추밀 한태위에게 올리는 편지(上樞密韓太尉書)」에서 다음과 같이 말했다.

　　문장을 이루는 것은 기운이다. 하지만 문장은 배워서 할 수 없으되 기운은 기를 수 있다. 맹자가 말하기를, '나는 나의 호연지기를 기르는 데 능하다'하였다. 맹자의 글을 보니 넓고 두텁고 웅장하여 천지 사이에 가득 차있으며, 기운의 크고 작음이 잘 부합한다. 태사공은 천하를 떠돌아다녔는데, 사해의 명산대천을 두루 둘러보고 연 땅과 조 땅의 호걸들과 교유하였다. 그랬기에 그의 문장은 호방하면서도 기이한 기운이 감돈다. 이 두 사람이 언제 붓을 쥐고 이와 같은 문장을 배웠겠는가? 기운이 몸 가운데 충만하여 모습에 넘쳐 나고, 말에 움직여 결국 문장에 드러났을 뿐, 스스로는 알지 못하였다.
　　以爲文者, 氣之所形. 然文不可以學而能, 氣可以養而致. 孟子曰, '我善養吾浩然之氣.' 今觀其文章, 寬厚宏博, 充乎天地之間, 稱其氣之小大. 太史公行天下, 周覽四海名山大川, 與燕・趙間豪俊交遊, 故其文疏蕩, 頗有奇氣. 此二子者, 曷嘗執筆學爲如此之文哉? 其氣充乎其中, 而溢乎其貌, 動乎其言, 而見乎其文, 而不自知也.

　생활 속의 체험이 작가에게 있어 얼마나 중요한 작용을 하는지를 설명하고 있는 것이다.

6. 송나라의 신(新)고문운동

「황주 쾌재정기(黃州快哉亭記)」는 그의 유명한 작품이다.

강은 서릉협(西陵峽)[154]을 나와서야 비로소 평지를 만난다. 물줄기는 드넓고 세차며 남으로 원수(沅水)・상수(湘水)와 합쳐지고 북으로 한수(漢水)・면수(沔水)와 합쳐져 더욱 세차진다. 적벽 아래 이르러서는 물결이 넘쳐흘러 바다와 맞먹는다.

청하(淸河)사람 장몽득(張夢得)은 제안(齊安)에서 귀양살이 하면서 자기 집 서남쪽에 정자를 지어놓고 강물의 멋들어진 경관을 구경하였다. 가형 자첨(子瞻)은 그 정자를 일러 '쾌재(快哉)'라 하였다. 정자에서 바라보면 남북으로 백 리 동서로 삼십 리에, 강물이 넘실대고 바람과 구름이 모였다 흩어졌다 하며, 낮이면 그 앞에 배들이 출몰하고 밤이면 그 아래 물고기와 용이 슬피 운다. 삽시간에 변화하는 광경은 사람의 눈과 마음을 놀라게 하여 오래도록 바라볼 수조차 없다. 그런데 지금은 책상 앞에 앉아 그것을 감상할 수 있게 되어 눈만 들면 마음이 흡족하다. 서쪽으로 무창(武昌)의 여러 산들을 바라보니, 언덕들이 높아졌다 낮아졌다 하고 초목이 늘어서있으며 안개 사라지고 해 떠오르면 어부며 나무꾼의 집이 손가락으로 가리킬 수 있을 정도이다. 이러한 모든 것이 이 정자가 '쾌재정'이 된 까닭들 아니겠는가.

긴 모래섬 물가가 바로 옛 성터이다. 조맹덕(曹孟德: 曹操)과 손중모(孫仲謀: 孫權)가 영웅을 다투던 곳, 주유(周瑜)와 육손(陸遜)이 각축을 벌이던 곳. 그 남겨놓은 풍모와 유적은 족히 세속의 마음을 시원스레 만들 만하다. 옛날 초(楚)나라 양왕(襄王)이 송옥(宋玉)과 경차(景差)를 거느리고 난대궁(蘭臺宮)에 납셨을 때 바람이 획 불어오자 양왕은 옷깃으로 바람을 막으면서 "이 바람 참 좋구나! 과인이 백성들과 함께 누리는 것 아니겠느냐?"라고 말했다. 그러자 송옥은 "이것은 대왕만이 즐기시는 웅풍(雄風)이옵니다. 백성들이 어찌 함께 누릴 수 있겠사옵니까!"하였다. 송옥의 말에는 풍자의 뜻이 담겨있다. 바람에 암컷 수컷의 구분이 있을 리 없건만, 사람에게는 때를 만나고 만나지 못하는 차이가 있다. 초왕이 즐거움으로 삼는 것이나 백

---

154) 장강(長江) 삼협(三峽) 중의 하나로 의창협(宜昌峽)이라고도 부른다.

성이 근심스러워하는 것이나, 이런 것은 그저 사람의 차이일 뿐이다. 바람과 무슨 상관있겠는가! 선비가 세상에 태어나, 마음이 자득(自得)하지 못하면 어디를 가건 탓을 하게 된다. 그러나 마음을 편안히 하면서 외물로 인해 본성을 다치게 하지 않는다면, 어디를 가건 즐겁지 않겠는가!

지금 장군(張君: 張夢得)은 귀양살이를 우환이라 여기지 않는다. 회계 관련 공무를 마치고 난 여가를 이용해 산과 물에 마음을 의지해 자유로이 노닐고 있으니, 그 속에 분명 남보다 뛰어난 바가 있을 것이다. 쑥으로 만든 집에 깨진 독으로 만든 창이라도 즐겁지 아니한 것이 없으리라. 하물며 장강 맑은 물줄기에 몸을 씻고 서산의 흰 구름을 움켜 쥘 수 있으며, 눈과 귀로 아름다운 경치를 실컷 보면서 유유자적할 수 있으니, 더 말해 무엇 하리! 그렇지 않다면 첩첩의 산, 아득한 계곡, 길게 늘어선 숲, 오래된 나무, 맑은 바람이 스치건 밝은 달이 비추건, 모두 수심 많은 묵객(墨客)으로 하여금 주체할 수 없을 정도로 슬퍼하다 초췌해지게 만들 뿐이니, 즐거움을 어찌 보겠는가!

江出西陵, 始得平地, 其流奔放肆大, 南合沅·湘, 北合漢·沔, 其勢益張. 至于赤壁之下, 波流浸灌, 與海相若.

淸河張君夢得, 謫居齊安, 卽其廬之西南爲亭, 以覽觀江流之勝. 而余兄子瞻名之曰'快哉'. 蓋亭之所見, 南北百里, 東西一舍, 波瀾洶涌, 風雲開闔. 晝則舟楫出沒於其前, 夜則魚龍悲嘯於其下. 變化倏忽, 動心駭目, 不可久視. 今乃得玩之几席之上, 擧目而足. 西望武昌諸山, 岡陵起伏, 草木行列, 烟消日出, 漁夫樵父之舍, 皆可指數, 此其所以爲快哉者也.

至於長洲之濱, 故城之墟, 曹孟德·孫仲謀之所睥睨, 周瑜·陸遜之所騁騖, 其流風遺迹, 亦足以稱快世俗. 昔楚襄王從宋玉·景差于蘭臺之宮, 有風颯然至者, 王披襟當之, 曰: "快哉此風! 寡人所與庶人共者耶?" 宋玉曰: "此獨大王之雄風耳, 庶人安得共之!" 玉之言蓋有諷焉. 夫風無雄雌之異, 而人有遇不遇之變. 楚王之所以爲樂, 與庶人之所以爲憂, 此則人之變也, 而風何與焉! 士生於世, 使其中不自得, 將何往而非病. 使其中坦然不以物傷性, 將何適而非快!

今張君不以謫爲患, 竊會計之餘功, 而自放山水之間, 此其中宜有以過人者. 將蓬戶甕牖, 無所不快, 而況乎濯長江之淸流, 挹西山之白雲, 窮耳目之勝以自適也哉! 不然, 連山絶壑, 長林古木, 振之以淸風, 照之

6. 송나라의 신(新)고문운동

以明月, 此皆騷人思士之所以悲傷憔悴而不能勝者, 烏睹其爲快也哉!

　이 문장에서 소철은 큰 강과 산악의 장엄하고 드넓은 경관을 그려내면서 작가의 감개를 펼치고 있다. 또 정자의 이름과 고적(古跡)을 통해 역사적 인물들의 활동과 말들을 회고하면서 작가의 관점을 드러내고 있어 문장의 기세는 더욱 호방하게, 우의(寓意)는 더욱 깊게 만들고 있다. 그뿐 아니라 산문체 사이사이 배구(排句) 형식을 운영해 작가가 변문의 예술적 기교를 흡수하여 문장에 운율감과 색채적 미감을 가미하고 있음을 설명해주고 있다. 그의 이러한 작법은 구양수나 소식과 유사하며, 고문의 발전을 촉진시키는 역할을 했다.

7. 맺는 말

　이상을 통해 당송시대 고문운동의 탄생과 발전 과정을 개략적으로 서술하고, 아울러 이 운동에 참여했던 대표적 작가로 당송팔대가155)의 업적을 소개하였다. 이제는 당송 고문운동이 후세에 끼친 영향에 대해 간단히 언급하고자 한다.

　이 운동의 가장 큰 업적은 후대에 문언문(文言文)을 주체로 하는 산문을 이론부터 창작에 이르기까지 향후 발전방향을 규정하고 모범을 수립하였다는 점이다. 고문가들의 용어를 빌리자면 '법(法)'을 수립하였다는 것이다. 명나라의 유명한 고문가 당순지(唐順之: 1507~1560, 자 應德, 호 荊川, 武進 사람)는 "한나라 이전의 문장은 법이 없었던 적도 없고 법이 있었던 적도 없다. 법이 없는 가운데 법이 깃들어 있었기 때문에 그 작법은 정밀하여 엿볼 수가 없었다. 당송의 문장은 법이 없을 수 없었으며 한 치도 법도에서 어긋나지 않았

---

155) 【원주】당송팔대가라는 용어는 명나라 초기 주우(朱右)가 편찬한 『팔선생문집(八先生文集)』에 처음 보인다. 이 책은 지금 전해지지 않는다. 후에 가정연간의 고문작가 모곤(茅坤)이 『팔대가문초(八大家文鈔)』를 찬하면서 이러한 명칭이 정식으로 확립되어 사람들의 인정을 받게 되었다.

다. 눈에 보이는 법으로 법을 삼으니, 그 법도는 엄정하여 범할 수가 없었다"156)고 하였다. 그는 비교적 정확히 당송(唐宋) 산문과 진한(秦漢) 산문의 차이를 짚어냈다. 즉 전자는 '보이는 법으로 법을 삼았고(以有法爲法)' 후자는 '법이 없는 가운데 법이 깃들어 있었다(法寓於無法之中)'. 전자가 비록 후자의 기초 위에서 발전한 것이기는 하지만 법도가 명확해졌다는 것은 일종의 발전이라 말할 수 있다. 당순지보다 약간 후대 사람인 애남영(艾南英: 1583~1646, 자 千子, 東鄕 사람)은 "고문은 『사기』 이후에 동한 사람들이 망쳐놓고 육조 사람들이 다시금 크게 망쳐놓았다. 한유와 유종원에 이르러 다시 떨치고 일어나 구양수·삼소·증공·왕안석에 이르러 크게 진작되었다. 그러나 전부 『사기』처럼 될 수 없었던 것은 시대상 어쩔 수 없었던 것이다. 그렇지만 문장은 송나라에 이르러 체제가 완비되었고, 송나라에 이르러 법도가 엄밀해졌으며, 송나라에 이르러 본말원류가 성현의 도와 부합하게 되었다"157)라고 하였다. 그는 발전양상을 통해 당송 고문운동이 산문의 발전계승에 끼친 작용을 간파하면서 다음과 같은 결론을 얻었다. 즉, 송대 신고문운동이 완전히 성공한 후라야 산문의 체제가 비로소 완비되고 법도가 비로소 엄밀해졌으며 본말과 원류가 비로소 [문학 방면에 있어서의] 성인의 도에 부합되었다. 물론 산문의 체제와 법도가 갖추어지고 엄밀해져서 후대 작가들은 배우고 따르기에 편리해졌을 수 있다. 그러나 창조성이라는 측면은 무의식 중 어느 정도 제한과 속박

---

156) 당순지의 「시랑 동중봉 문집 서문(董中峰侍郎文集序)」에 나오는 말로, 원문은 "漢以前之文, 未嘗無法, 而未嘗有法. 法寓於無法之中, 故其爲法也, 密而不可窺. 唐與宋之文, 不能無法, 而能毫釐不失乎法. 以有法爲法, 故其爲法也, 嚴而不可犯"이다.
157) 애남영의 「문장에 대해 논하여 하이중의 편지에 두 번째로 주는 답장(再答夏彛仲論文書)」에 나오는 말로, 원문은 "古文一道, 自『史記』後, 東漢人敗之, 六朝人又大敗之. 至韓·柳而振, 至歐·曾·蘇·王而大振. 其不能盡如『史記』者, 勢也. 然文至宋而體備, 至宋而法密, 至宋而本末源流遂能與聖賢合"이다.

7. 맺는 말

을 받게 되어 형식을 중시하고 내용을 경시하는 경향으로 흘러가는 형국을 면치 못하게 되었다. 고문이 정말로 '고(古)'해지는 것은 문학 발전의 전도에 있어 일종의 장애물이어서 활발한 생명력은 이로 인해 사라지고 만다.

15세기 즉 명나라 가정(嘉靖)·융경(隆慶) 연간에, 문장의 기세가 미미한 '대각체(臺閣體)'에 반대하여 "문장은 반드시 진한을 본받아야 하고, 시는 반드시 성당을 본받아야 한다(文必秦漢, 詩必盛唐)"는 구호를 제창하면서 산문 영역에 있어 당송고문을 초월해보고자 시도했던 한 무리의 작자들이 출현했다. 그들의 주장과 입론은 매우 높은 것이었지만, 막상 창작 실천에 있어서는 되려 대각체와 유사한 형식주의 수법을 채용하여 모방을 능사로 삼는 등 옳지 못한 문풍을 조장하였다. 이로 인해 "학자들은 책을 묶어놓은 채 보지 않고 그저 『좌전』·『국어』·『사기』·『한서』만 가져다가 자구(字句)와 명물(名物)이나 따지고 분류나 하여 문장을 지어대니, 격식과 문사만을 자랑한 겉만 번지르르한 글이 종이 가득했다."158) 그들은 진한 문장 중에서 명물도수(名物度數)나 직관(職官)·지리(地理), 방언이나 풍속 등에 관련된 내용만을 따다가 그렇게 하면 저절로 진한의 문장이라도 되는 양 흡족해했다. 사실 이러한 풍토는 바로 한유가 "시대가 후세로 내려갈수록 [스스로 글을 창작할 수] 없게 되자 표절을 하였다159)"라고 배척하였던 가짜 골동품인 것이다. 이에 다른 한 부류의 작가들이 출현해 그들에 대항하면서 힘써 모방을 반대하고 고문을 계승함과 동시에 창신에 힘써야 할 것을 강조하였다. 이것이 바로 "신이한 기운

---

158) 주량공(周亮工)의 『서영(書影)』에서 애남영이 한 말을 인용한 부분이다. 원문은 "學者束書不觀, 止取『左』·『國』·『史』·『漢』句字名物, 編類分門, 率而成篇. 誇格誇辭, 浮華滿紙"이다.
159) 한유의 「번종사 묘지명(樊宗師銘)」에 나오는 글로 원문은 "降而不能乃剽賊"이다.

唐宋古文運動

을 얻어 제어한다"160)는 것이다. 이러한 주장을 펼친 작가들의 영수는 바로 귀유광(歸有光: 1506~1571, 자 熙甫, 호 歸川, 崑山 사람)·당순지·왕신중(王愼中: 1509~1559, 자 思道, 호 遵岩, 晉江 사람)이다. 이들 바로 뒤이어 일어난 공안파(公安派)와 경릉파(竟陵派) 작가들의 업적 또한 무시할 수 없다. 그들의 노력에 힘입어 만명(晩明)과 청나라 시대에 문언문으로 쓰인 산문은 기본적으로 그들이 깔아놓은 도로 위에서 발전해나아갈 수 있었으며, 그 여파는 오사(五四) 신문학운동으로 이어져 완성될 수 있었다.

---

160) 애남영의 「글에 대해 논하여 진인중에게 준 편지(與陳人中論文書)」에 나오는 말로, 원문은 "한유와 구양수가 진한의 풍격에 미칠 수 있었던 것은 그들이 진한 사람들의 신이한 기운을 얻었을 뿐 아니라 능히 이것을 제어할 수 있었기 때문이다(由韓·歐而能至于秦·漢者無他, ,韓·歐得其神氣而御之)"이다.

인명 찾아보기

【ㄱ】

가의(賈誼) 17
고한(高閑) 34
구양수(歐陽脩) 7, 36, 95, 98, 100, 101, 102, 103, 104, 105, 106, 109, 126
구양첨(歐陽詹) 19
귀유광(歸有光) 128

【ㄴ】

나은(羅隱) 91
낙빈왕(駱賓王) 12
남제운(南霽雲) 53
내무택(來無擇) 88
노신(魯迅) 91
뇌만춘(雷萬春) 53

【ㄷ】

단수실(段秀實) 74, 76

당순지(唐順之) 125
도연명(陶淵明) 34
독고급(獨孤及) 16, 17
동소남(董邵南) 64

【ㅁ】

매요신(梅堯臣) 96
맹교(孟郊) 67
목수(穆修) 95

【ㅂ】

반고(班固) 17, 49
백거이(白居易) 19
범중엄(范仲淹) 96

【ㅅ】

사마유지(司馬幼之) 11
사마천(司馬遷) 17, 22, 36, 49

唐宋古文運動

석개(石介) 95, 101
석홍(石洪) 69
설공달(薛公達) 66
소순(蘇洵) 95, 104, 106, , 118, 119
소순흠(蘇舜欽) 96
소식(蘇軾) 62, 95, 101, 103, 104, 105, 109, 112
소영사(蕭穎士) 15, 17
소작(蘇綽) 10, 12
소철(蘇轍) 95, 104, 118, 120, 123
손복(孫復) 95, 97
손초(孫樵) 88, 89
심아지(沈亞之) 89

【ㅇ】

애남영(艾南英) 126, 128
양견(楊堅) 11
양숙(梁肅) 17
양억(楊億) 93, 94
양연기(楊燕奇) 66
양웅(揚雄) 22, 104
완적(阮籍) 34
왕발(王勃) 12
왕숙문(王叔文) 21, 115
왕안석(王安石) 95, 103, 104, 112, 113, 114, 116, 126
왕약허(王若虛) 41, 87
왕용(王用) 5
왕우칭(王禹偁) 96
왕적(王適) 67

우문태(宇文泰) 10, 12
원결(元結) 18
원진(元稹) 19
유개(柳開) 95, 96, 103
유경(柳慶) 10
유균(劉筠) 93, 94
유면(柳冕) 15, 17
유신(庾信) 3
유종원(柳宗元) 1, 7, 10, 14, 19, 20, 21, 22, 23, 24, 25, 27, 29, 30, 31, 32, 35, 38, 40, 42, 46, 47, 49, 50, 67, 69, 70, 71, 72, 74, 76, 77, 80, 82, 86, 88, 89, 90, 91, 100
유희재(劉熙載) 38
육귀몽(陸龜蒙) 90, 91
육지(陸贄) 85
윤수(尹洙) 95
이고(李翶) 27, 86
이관(李觀) 19
이상은(李商隱) 85, 93
이악(李諤) 11, 12
이한(李漢) 22
이화(李華) 15, 17

【ㅈ】

장순(張巡) 53
장욱(張旭) 34
전신공(田神功) 66
전유인(錢惟寅) 94
정군(鄭群) 67

주량공(周亮工)　127
증공(曾鞏)　64, 95, 103, 104, 112, 116, 126
진밀(陳密)　61
진자앙(陳子昂)　13, 14

【ㅊ】

초영심(焦令諶)　76

【ㅍ】

피일휴(皮日休)　90, 91

【ㅎ】

한유(韓愈)　5, 7, 10, 14, 19, 20, 21, 22, 23, 25, 26, 27, 29, 30, 32, 34, 37, 38, 39, 40, 41, 42, 47, 49, 51, 58, 59, 60, 61, 62, 64, 65, 67, 68, 69, 70, 85, 86, 88, 90, 95, 100, 101, 102, 113, 114, 115, 119
한퇴지(韓退之) → 한유　88
한홍(韓弘)　66
한회(韓會)　15, 17
황보식(皇甫湜)　38, 87
황보지정(皇甫持正) → 황보식　88
황소(黃巢)　90

唐宋古文運動

작품명 찾아보기

【ㄱ】

검 땅의 나귀(黔之驢)　77
경조 양빙에게 드리는 편지(與京兆楊憑書)　31
고모담 서쪽 작은 언덕(鈷鉧潭西小丘記)　81
고양이가 젖을 먹이다(猫相乳)　57
과목에 응하면서 누군가에게 드리는 편지(應科目時與人書)　59
구본 한유문집 뒤에 쓰다(書舊本韓文後)　101
구양내한께 올리는 편지(上歐陽內翰書)　106, 119
구양사인에게 부치는 편지(寄歐陽舍人書)　64
구양생 애사 뒤에 쓰다(題歐陽生哀詞後)　7
구양생 애사(歐陽生哀詞)　56
국자조교를 지낸 하동 사람 설군 묘지명(國子助敎河東薛君墓誌銘)　66
궁귀를 보내는 글(送窮文)　52

글 짓는 법에 대해 논하여 수재 최암에게 드리는 답장(報崔黯秀才論爲文書)　24, 39
글에 대해 논하여 진인중에게 준 편지(與陳人中論文書)　128

【ㄴ】

나무 심는 사람 곽탁타 전(種樹郭橐駝傳)　76
낙방하여 돌아가는 제호를 보내는 글(送齊皥下第序)　62
남양 번소술 묘지명(南陽樊紹述墓誌銘)　40, 41
남쪽으로 돌아가는 서무당을 보내는 글(送徐無黨南歸序)　99
누군가에게 드리는 편지(上人書)　113

【ㄷ】

단태위 일사장(段太尉逸事狀)　74

당나라 옛 감찰어사를 지낸 위부군 묘지명(唐故監察御史衛府君墓誌銘) 69
당나라 옛 조산대부로 상서 고부낭중을 지낸 정군 묘지명(唐故朝散大夫尙書庫部郞中鄭君墓誌銘) 66
당나라 유선생 문집 후서(唐柳先生文集後序) 101
도의 근원을 밝히다(原道) 23, 100
동소남을 보내는 글(送董邵南序) 63
두 아들의 이름을 짓고(名二者說) 119
두온부에게 주는 답장(覆杜溫夫書) 39
등왕각서(滕王閣序) 13
등왕께서 말을 하사하신 것에 감사를 표하는 편지(謝滕王賚馬啓) 3
땅꾼 이야기(捕蛇者說) 35, 71, 72

【ㅁ】

매성유 시집 서문(梅聖兪詩集序) 102
맹동야를 보내는 글(送孟東野序) 32, 33, 62
맹동야에게 드리는 편지(與孟東野書) 58
맹상군전을 읽고(讀孟嘗君傳) 115
모영전(毛穎傳) 22, 55
무조를 치는 격문(討武曌檄) 13
묵지기(墨池記) 117
문변(文辨) 41
문설(文說) 105
문장에 대해 논하면서 풍숙에게 주는 편지(與馮宿論文書) 37

문장을 논하여 벗에게 주는 편지(與友人論文書) 89
문장을 논하여 서급사에게 드리는 편지(與徐給事論文書) 16
문장을 논하여 활주 노대부에게 드리는 편지(與滑州盧大夫論文書) 17
문형(文衡) 16

【ㅂ】

반곡으로 돌아가는 이원을 보내는 글(送李愿歸盤谷序) 62
백이를 기리는 노래(伯夷頌) 57
번종사 묘지명(樊宗師銘) 127
변주동서수문기(汴州東西水門記) 57
복성서(復性書) 86
봉건론(封建論) 35, 71, 72
부판전(蝜蝂傳) 78
불골표(佛骨表) 100
비국어(非國語) 35, 71, 72
비국어를 논하여 오무릉에게 주는 답장(答吳武陵論非國語書) 37
비방의 근원을 밝히다(原毁) 35, 100
빼어난 솜씨를 구하는 글(乞巧文) 80

【ㅅ】

사도 겸 시중 중서령을 지내고 태위에 추증된 허국공 신도비명(司徒兼侍中中書令贈太尉許國公神道碑銘) 66

사도를 논하여 위중립에게 주는 답장(答韋中立論師道書) 7, 24, 39
사람의 근원을 밝히다(原人) 100
사명(師名)을 피하며 원군 진수재에게 주는 답장(報袁君陳秀才避師名書) 29
사민사에게 주는 답장(答謝民師書) 103
사설(師說) 52
사업 위술에게 드리는 편지(贈韋司業述書) 15
삼계(三戒) 77
상서 최효공 문집 서문(尙書崔孝公集序) 15
상인 고한을 보내는 글(送高閑上人序) 34, 44
서곤수창집 서문(西崑酬唱集序) 94
서팔사마문(書八司馬文) 115
소품문의 위기(小品文的危機) 91
송청전(宋淸傳) 76
수나라 고제에게 올려 화려한 문장의 개혁을 논한 편지(上隋高帝革文華書) 12
수재 오충에게 주는 답장(答吳充秀才書) 98
수재 왕림에게 주는 편지(與王霖秀才書) 88, 89
승려 호초를 보내는 글(送僧浩初序) 27
시 대리평사 왕군 묘지명(試大理評事王君墓誌銘) 67
시충을 욕하는 글(罵尸蟲文) 80
십이랑에게 바치는 제문(祭十二郞文) 55, 56

【ㅇ】

악수재에게 주는 첫 번째 편지(與樂秀才第一序) 99
악어에게 주는 제문(祭鱷魚文) 56
양보궐집 서문(梁補闕集序) 17
양양 우상공에게 올리는 편지(上襄陽于相公書) 40, 61
어린아이 구기 전(童區寄傳) 76
영주 아무개네 집 쥐(永某氏之鼠) 77
영주팔기(永州八記) 80, 81
옛 태학박사 이군 묘지명(故太學博士李君墓誌銘) 69
왕손을 증오하는 글(憎王孫文) 80
왕수재를 보내는 글(送王秀才序) 34, 62
왕용의 아들이 준 선물을 받도록 허락해주신 것에 감사 올리는 장계(謝許受王用男人事物狀) 5
왕학사에게 올리는 세 번째 편지(上王學士第三書) 96, 97
우계시 서문(愚溪詩序) 50
우문(禹問) 100
울지생에게 주는 답장(答尉遲生書) 30, 59
원군 진수재에게 드리는 답장(報袁君陳秀才書) 25
위중립에게 주는 답장(答韋中立書) 46
유배된 용 이야기(謫龍說) 79
유자후 묘지명(柳子厚墓誌銘) 69
유정부에게 주는 답장(答劉正夫書) 37, 59

유종원전을 읽고(讀柳宗元傳) 115
유주 나지묘에 세운 비석(柳州羅池廟碑) 67
육국론(六國論) 72
육역론(六逆論) 35, 71
응책(應責) 103
이부 한시랑 제문(祭吏部韓侍郎文) 86
이생에게 주는 첫 번째 답장(答李生第一書) 87
이수재에게 드리는 답장(答李秀才書) 23
이익에게 주는 답장(答李翊書) 29, 31, 39, 43, 59
임강의 사슴(臨江之麋) 77
임지로 가는 설존의를 보내는 글(送薛存義之任序) 36

【ㅈ】

작은 언덕 서쪽 소석담에 이르러 쓴 기(至小丘西小石潭記) 81
장적에게 다시금 주는 답장(重答張籍書) 24
장중승전 후서(張中丞傳後敍) 53
장형에게 주는 답장(答張洞書) 97
재인전(梓人傳) 76
쟁신론(爭臣論) 35, 55, 100
전·후 적벽부 112
전적벽부(前赤壁賦) 109, 112
전중시어사 이군 묘지명(殿中侍御史李君墓誌銘) 69

정요선생 묘지명(貞曜先生墓誌銘) 67
조군 사람 이화의 중집 서문(趙郡李華中集序) 17
조주 한문공묘비(潮州韓文公廟碑) 101, 112
조택지에게 주는 답장(答祖擇之書) 98
좌사 동방규에게 수죽편 서문을 드리면서 보내는 편지(與東方左史虯修竹篇序) 13
주재언에게 주는 답장(答朱載言書) 87
진밀을 보내는 글(送陳密序) 61
진생에게 드리는 답장(答陳生書) 26
진학해(進學解) 43, 50, 52
집현원교리 석군 묘지명(集賢院校理石君墓誌銘) 68
징구부(懲咎賦) 32

【ㅊ】

참서(讒書) 91
창려집 서문(昌黎集序) 22
채찍 장수(鞭賈) 78
천설(天說) 35, 71
최군에게 주는 편지(與崔群書) 59
추밀 한태위에게 올리는 편지(上樞密韓太尉書) 120
추성부(秋聲賦) 112
취옹정기(醉翁亭記) 107, 112

唐宋古文運動

【ㅋ】

큰 곰 이야기(羆說)　78

【ㅍ】

평회서비문을 지어 올리면서 쓴 표문
　(進撰平淮西碑文表)　26, 40

【ㅎ】

하중부 연리목을 기리는 노래(河中府連
　理木頌)　57
한문공 묘지명(韓文公墓誌銘)　39
한유가 지은 모영전을 읽고 쓰다(讀韓
　愈所著毛穎傳後題)　22

한유를 존숭함(尊韓)　101
한유와 서로 문묵으로 추대하던 일을
　보이며 위형에게 주는 답장(答韋珩
　示韓愈相推以文墨事書)　89
한자(韓子)　113
한정략을 보내는 글(送韓靜略序)　30
한창려집 서문(韓昌黎集序)　21
행난(行難)　100
형담창화시 서문(荊潭唱和詩序)　33, 62
호인대(鄠人對)　35, 55
황주 쾌재정기(黃州快哉亭記)　121
휘변(諱辯)　35, 55
흙손쟁이 왕승복전(圬者王承福傳)　57,
　77

중국고전문학기본지식총서

中國古典文學基本知識叢書
A Series of Guide Books to Chinese Classical Literature

■ 槪說

01 中國古代詩文總集選介 / 張滌華 지음
02 中國古文槪說(怎樣閱讀古文) / 鮑善淳 지음
03 中國詩槪說(讀詩常識) / 吳丈蜀 지음
04 中國詞槪說(讀詞常識) / 陳振寰 지음
05 中國曲槪說(讀曲常識) / 劉致中 等 지음
06 詩話와 詞話 / 張葆全 지음
07 中國類書槪說(類書簡說) / 劉葉秋 지음 / 김장환 옮김

■ 장르

08 中國古代神話/陳天水 지음
09 先秦寓言/劉燦 지음
10 漢魏六朝樂府/王運熙 등 지음
11 漢魏六朝辭賦/曹道衡 지음
12 魏晉南北朝小說/劉葉秋 지음
13 唐詩/詹鍈 지음
14 唐五代詞/黃進德 지음
15 唐宋古文運動/錢冬父 지음
16 唐宋散文/葛曉音 지음
17 唐人傳奇/吳志達 지음
18 敦煌文學/張錫厚 지음

19 宋詞/周篤文 지음
20 元明雜劇/顧學頡 지음
21 桐城派/王鎭遠 지음
22 晩淸小說/時萌 지음

■ 先秦兩漢魏晉南北朝

23 詩經/周滿江 지음
24 屈原/郭維森 지음
25 司馬遷과 史記/胡佩葦 지음
26 王充의 文學理論/蔣祖怡 지음
27 曹氏父子와 建安文學/李寶均 지음
28 阮籍과 嵇康/徐公持 지음
29 陶淵明/廖仲安 지음
30 劉勰과 文心雕龍/陸侃如 등 지음
31 鍾嶸과 詩品/梅運生 지음
32 鮑照와 庾信/劉文忠 지음

■ 唐代

33 初唐四傑과 陳子昂 / 沈惠樂・錢偉康 지음
34 高適과 岑參 / 周勛初・姚松 지음
35 王維와 孟浩然 / 王從仁 지음
36 李白 / 王運熙・李寶均 지음

37 杜甫 / 劉開揚 지음
38 白居易 / 陳友琴 지음
39 劉禹錫 / 卞孝萱·吳汝煜 지음
40 柳宗元 / 顧易生 지음 / 남철진 옮김
41 李賀 / 吳企明 지음
42 杜牧 / 馮海榮 지음
43 李商隱 / 郁賢皓·朱易安 지음
44 司空圖의 詩歌理論 / 祖保泉 지음

宋元代

45 歐陽修/郭正忠 지음
46 王安石/張白山 지음
47 柳永/謝桃坊 지음
48 蘇軾/王水照 지음
49 蘇門四學士/周義敢 지음
50 李淸照/徐培均 지음
51 陸游/齊治平 지음
52 楊萬里와 誠齋體
53 辛棄疾/夏承燾·游止水 지음
54 嚴羽와 滄浪詩話/陳伯海 지음
55 董西廂과 王西廂
56 關漢卿

明代

57 高則誠과 琵琶記/藍凡 지음
58 湯顯祖와 牡丹亭/徐扶明 지음
59 李贄/敏澤 지음
60 三國演義槪說/李厚基·林驊 지음
61 水滸槪說/何滿子 지음
62 吳承恩과 西遊記
63 金甁梅槪說/孫遜·詹丹 지음
64 馮夢龍과 三言/繆詠禾 지음
65 凌濛初와 二拍/馬美信 지음

淸代

66 吳敬梓와 儒林外史
67 蒲松齡과 聊齋誌異/雷群明 지음
68 吳偉業
69 顧炎武/盧興基 지음
70 王士禎/宮曉衛 지음
71 葉燮과 原詩/蔣凡 지음
72 紅樓夢槪說/蔣和森 지음
73 洪昇과 長生殿/王永健 지음
74 孔尚任과 桃花扇
75 袁枚와 隨園詩話
76 龔自珍
77 黃遵憲
78 王國維와 人間詞話/祖保泉·張曉雲 지음
79 劉熙載와 藝槪/王氣中 지음